Sainte Thérèse

SON SIÈCLE, SA VIE, SON ŒUVRE

SERMONS

Prêchés au Carmel de Rouen pendant le Triduum du troisième
centenaire de la Sainte (24, 25, 26 Octobre 1882)

PAR

l'Abbé Julien LOTH

Chanoine honoraire, Professeur à la Faculté de théologie de Rouen

ROUEN

FLEURY, ÉDITEUR

LIBRAIRE DE S. E. MONSEIGNEUR LE CARDINAL

Place de l'Hôtel-de-Ville, 23

1883

Sainte Thérèse

SON SIÈCLE, SA VIE, SON ŒUVRE

OUVRAGES SPÉCIALEMENT CONSULTÉS

Les Bollandistes. — Vie de Sainte Thérèse, octobris, tomus VII, pars prior, Bruxelles, 1845.

Œuvres de Sainte Thérèse, 3 vol.— Lettres de Sainte Thérèse, 3 vol., traduction du P. Marcel Bouix. S. J. Paris, Victor Lecoffre, 1880.

Souvenirs du pays de Sainte Thérèse, par F. X. Plasse, chanoine honoraire, Paris, Victor Palmé, 1875.

M. de Bérulle et les Carmélites de France, par M. l'Abbé M. Houssaye, Paris, Henri Plon. 1872.

Les Religieuses Carmélites a Rouen, par Paul Baudry, Rouen, 1875.

Sainte Thérèse

SON SIÈCLE, SA VIE, SON ŒUVRE

SERMONS

Prêchés au Carmel de Rouen pendant le Triduum du troisième
centenaire de la Sainte (24, 25, 26 Octobre 1882)

PAR

l'Abbé Julien LOTH

Chanoine honoraire, Professeur à la Faculté de théologie de Rouen

ROUEN

FLEURY, ÉDITEUR

LIBRAIRE DE S. E. MONSEIGNEUR LE CARDINAL

Place de l'Hôtel-de-Ville, 23

1883

LE TRIDUUM

DU

3me CENTENAIRE DE SAINTE THÉRÈSE

A ROUEN

Le *Triduum* du 3ᵉ centenaire de sainte Thérèse a été célébré, dans le Carmel de Rouen, avec la plus édifiante et la plus mémorable solennité. Le Carmel s'était revêtu de beauté pour célébrer son auguste patronne. Dès la porte d'entrée et dans l'escalier, des fleurs et des inscriptions annonçaient cette pieuse fête. La chapelle, transformée par des décorations d'un goût exquis, resplendissait du plus radieux éclat. Un grand dais de satin blanc ombrageait tout le sanctuaire, et s'harmonisait avec les tentures de soie blanche et les fleurs naturelles, toutes blanches également, qui, ressortant des masses de feuillages et d'arbustes répandues partout, formaient un parterre du plus gracieux symbolisme. On remarquait dans la chapelle l'autel dressé à gauche en l'honneur de sainte Thérèse. Sa statue, charmante image de la vierge séraphique d'Avila, aux traits rayonnants, à la figure extatique, apparaissait au milieu des lumières et des fleurs comme une vision céleste. Tout était suave, aimable, mélodieux dans l'appareil et la disposition de ces fêtes, qui ont laissé dans les âmes chrétiennes les plus profondes et les plus douces impressions.

Nous aimons à relever ici les belles et éloquentes inscriptions répandues dans la chapelle, et qui composaient à elles seules le plus parfait panégyrique de la sainte :

De chaque côté du Maître-Autel.

AVE. MATER. AVE. MAGISTRA. THERESIA.

Salut, ô Mère ! Salut, ô Maîtresse ! glorieuse Thérèse.

FELIX. TE. ABULA. HUIC. MUNDO. NASCENTEM. VIDIT.

L'heureuse Avila vous a vu naître.

FELIX. TE. INCARNATIONIS. DOMUS. IN. CHRISTO. LATENTEM. SANCTIFICAVIT.

L'heureux couvent de l'Incarnation vous a sanctifiée dans le Christ.

FELIX. TE. BEATI. IOSEPHI. CELLA. REFORMANTEM. AUDIVIT.

L'heureux monastère de saint Joseph a été témoin de vos réformes.

FELIX. TE. ALBA. CIVITAS. MORTUAM. PROPHETANTEM. SENSIT.

L'heureuse cité d'Albe vous a entendue prophétisant après votre mort.

NOSTRIS. RENASCERE. MENTIBUS. TUO. CLAUSTRA. REFOVE. SPIRITU.

Renaissez aujourd'hui dans nos âmes, Ranimez votre esprit dans nos cloîtres.

FILIABUS. SEMPER. ESTO. PRÆSENS. ET. IN. DISCRIMINE. TEMPORIS. PROTECTIO. FORTIS. AD. CUSTODIAM.

Soyez toujours présente à votre famille, et dans ces temps difficiles, couvrez la d'une protection toujours forte, toujours puissante.

Près de l'Autel.

O. CŒLESTIS. NORMA. VITÆ. DOCTOR. ET. DUX. THERESIA. GREGEM. TUUM. MATER. ALMA. SERVA. TUA. PRECE. CORROBORA.

O règle de la vie céleste, Thérèse, notre Docteur et notre chef, Mère bienfaisante, conserve ton troupeau, fortifie le par ta prière.

Sur l'autel de Sainte Thérèse.

SANCTA. MATER. THERESIA. RESPICE. DE. CŒLO. ET. VIDE. ET. VISITA. VINEAM. ISTAM. ET. PERFICE. EAM. QUAM. PLANTAVIT. DEXTERA. TUA.

Sainte mère Thérèse, du haut du Ciel, regarde, vois et visite cette vigne ; perfectionne la ; c'est ta main qui l'a plantée.

De chaque côté du même Autel.

HÆC. EST. DIES.
QUA. SUB. SPECIE. COLUMBÆ.
AD. SACRA. TEMPLA.
SE. TRANSTULIT. THERESIA.

C'est l'heureux jour où Thérèse, sous la forme d'une gracieuse colombe, s'est envolée vers les sacrés parvis.

VENI. SOROR. DE. VERTICE. CARMELI.
AD. AGNI. NUPTIAS.
VENI. AD. CORONAM. GLORIÆ.

Viens, ma Sœur, des cimes du Carmel, viens, pour les noces de l'Agneau. Viens ceindre la couronne de gloire.

Au-dessus de la grille des religieuses.

FLORETE. FLORES. QUASI. LILIUM.
ET. DATE. ODOREM. ET. FRONDETE.
IN. GRATIAM.

Fleurissez, ô Fleurs, fleurissez comme le lis, répandez vos parfums, et donnez vos fruits dans la grâce.

Au-dessus de la porte de la chapelle (extérieur).

CHRISTUM. VULNERANTEM. THERESIAM.
AMORE. LAUGUENTEM.
VENITE. ADOREMUS.

Venez, adorons le Christ, blessant Thérèse languissante d'amour.

Dans l'escalier.

MONS. CARMELI. EXULTET.
IN. CONSPECTU. DOMINI.
QUI. MIRABILIA. FECIT. IN. THERESIA.

Que le mont du Carmel se réjouisse en présence du Seigneur qui a fait de grandes choses en Thérèse !

Au-dessus de la porte principale du cloître.

JUSTITIA. IN. CARMELO. SEDEBIT.
ET. ERIT. OPUS. JUSTITIÆ. PAX.
ET HABITAVIT. POPULUS. MEUS. IN. PULCHRITUDINE. PACIS.

La justice s'asseoira sur le Carmel, et l'œuvre de la justice, c'est la paix. Or, depuis ce temps, mon peuple a habité dans la beauté de la paix.

Le *Triduum* s'est ouvert le lundi soir 23 octobre par un Salut solennel, célébré par M. l'abbé Isaac, vicaire général, doyen du Chapitre, supérieur du Carmel. Les offices ont été présidés : le mardi 24, par M. l'abbé Cayez, chanoine honoraire, curé de Saint-Patrice ; le mercredi 25, par M. l'abbé Régneaux, chanoine, archiprêtre de la Métropole; le jeudi 26, par M. l'abbé Isaac, vicaire général, doyen du Chapitre, et les sermons du *Triduum* prêchés par M. l'abbé Loth, chanoine honoraire, professeur à la faculté de théologie, qui a consacré ses trois discours au siècle, à la vie, à l'œuvre de sainte Thérèse.

Chaque soir, une couronne de prêtres entourait le sanctuaire. On y voyait des membres du vénérable chapitre, des curés de la ville et de la banlieue, les chapelains des différentes communautés religieuses de la ville, les vicaires des paroisses, et cet hommage empressé du clergé de notre ville n'a pas été l'un des spectacles les moins édifiants de ces solennités. Des députations des religieuses non cloîtrées de notre ville se sont rendues tour à tour auprès de l'autel de Sainte-Thérèse, et lui ont offert les louanges et les vœux de leurs communautés.

Les offices, chantés par un chœur parfaitement organisé, ont répondu à la solennité. Les fidèles joignaient leurs voix à celles des chantres, et formaient un concert admirable de louanges et de bénédictions. Le cantique final en l'honneur de sainte Thérèse était répété par une foule vibrante de tendresse et de foi. On sentait que le cœur enflammait les louanges et les supplications proférées par toutes ces voix émues. Du fond de leur cloître, les saintes Carmélites silencieuses répondaient par leurs larmes à l'enthousiasme des fidèles, et leur méritaient, par leurs prières, de nouvelles bénédictions.

Il eût fallu dilater les murs de la chapelle pour

contenir l'assistance qui se pressait aux pieux exercices. Le corridor qui précède la chapelle et l'escalier étaient remplis de fidèles. Toute cette assemblée ne faisait qu'un cœur et qu'une âme dans les témoignages de dévotion qu'elle rendait à l'incomparable servante de Dieu, dont la gloire, comme la renommée, ont été grandissantes depuis trois siècles. La vénération et la sympathie qu'inspire à tous le Carmel de Rouen, qui édifie depuis 1609 par ses vertus, et entoure notre ville de sa protection, n'ont pas peu contribué aussi à l'élan et à la splendeur de cette manifestation religieuse.

SERMONS

PREMIER JOUR

LE SIÈCLE DE SAINTE THÉRÈSE

---

*Multæ filiæ congregaverunt divitias :
tu supergressa es universas.*

Beaucoup d'âmes en ce temps ont
amassé des trésors de grâces ;
vous les avez toutes surpassées.

(Proverbes 31, 29).

MES SŒURS VÉNÉRÉES,

Trois siècles se sont écoulés depuis la mort de votre
sainte et glorieuse mère, et son culte comme sa
renommée sont allés grandissant d'âge en âge jusqu'à
devenir l'un des trésors les plus précieux de la piété
catholique.

Pendant que toute une grande famille religieuse
célèbre, dans ses Triduums solennels, la mémoire et
le patronage de Thérèse de Jésus, les pontifes et les
prêtres, les savants et les simples, les fidèles des deux
mondes, unis dans un même sentiment de respect et
d'admiration, entourent de leurs louanges le nom de
cette incomparable amante du Christ, et font monter
avec vous, vers elle, leurs hommages et leurs supplications.

Thérèse n'est pas seulement l'ornement et l'honneur
du Carmel, l'une des meilleures gloires de la noble

Espagne, qui se lève en ce moment tout entière pour acclamer sa sainte d'Avila ; celle dont la dernière parole a été cette sublime exclamation : « Enfin, Seigneur, je meurs fille de l'Eglise catholique ! » appartient à l'Eglise universelle. Ses vertus, son génie, ses œuvres, son influence, son amour, sa protection font partie de notre patrimoine religieux ; tous nous avons droit d'y puiser à l'envi ; tous nous sommes illuminés des rayons de sa gloire, comme nous nous réclamons de sa tendresse maternelle.

Type exquis et accompli de la perfection chrétienne, elle s'adresse à toutes les âmes qui font profession de s'élever vers le beau et le bien ; modèle de la vie religieuse, elle est pour les cloîtres et les monastères une leçon vivante et présente ; théologienne hardie et sûre, mystique éclairée du ciel, elle fait, par ses admirables écrits, l'étude et les délices des penseurs et des docteurs chrétiens ; épouse privilégiée du divin maître, elle apprend au monde la science suréminente de l'amour divin ; elle est à la fois, et pour tous, une grande voix qui rend témoignage et qui enseigne, un grand cœur qui se livre et qu'on aime, comme elle est, dans le ciel de la sainteté, un de ces astres resplendissants dont l'éclat fait pâlir ceux qui les environnent, parce qu'ils reflètent plus puissamment les rayons du divin soleil.

Ces saints privilégiés que l'univers entier connaît et invoque, et qui, au milieu de tant de gloires évanouies et de siècles disparus, sont demeurés populaires, semblent participer de l'éternité même de Dieu. Chaque flot de ce temps, qui renverse les plus hautes statues, affermit le piédestal que leur a dressé la dévotion des peuples ; chaque âge les grandit ; et dans ce troisième centenaire de Thérèse de Jésus, nous retrouvons plus belle et plus aimée la sainte que nous célébrons, plus vive la dévotion qu'elle inspire, plus éclatants les honneurs qui lui sont rendus.

Appelé par la confiance paternelle du vénéré supérieur de ce Carmel de Rouen à porter la parole en ces solennités, je m'efforcerai de répondre à votre attente et à ma mission en consacrant ces trois discours à l'illustre sainte, objet de ce Triduum ; et pour la faire connaître, s'il se peut, tout entière, en elle-même et dans sa profonde influence, j'interrogerai d'abord le temps où elle a vécu, et montrerai comment elle est venue à son heure l'édifier et l'instruire ; ce sera le sujet de mon premier discours. Je raconterai, dans le suivant, sa sainte et admirable vie, et je m'attacherai, dans le troisième, à suivre son œuvre et son action dans l'Eglise, en tirant toutefois de ces diverses études des leçons pratiques pour votre sanctification, me souvenant que dans cette chaire, si nous devons glorifier les héros de notre foi, nous devons aussi continuer leur apostolat en éclairant et en touchant les âmes.

Ainsi le siècle, la vie, l'œuvre de sainte Thérèse, tel est le thème de ces instructions que nous placerons avec confiance sous son doux patronage après avoir imploré les lumières de l'Esprit-Saint par l'intercession de Marie. *Ave Maria.*

2

1. — Dieu est admirable dans ses saints ! C'est le cri qui monte invinciblement du cœur aux lèvres quand on examine la vie et les œuvres de ces héros de notre foi, les plus humbles comme les plus connus, parce qu'ils se sont élevés bien au-dessus de l'humanité et qu'ils ont passé sur cette terre comme des images suaves de la beauté et de la charité divines. Si obscure qu'ait été leur origine et si cachée leur vie, ils ont donné au monde un tel spectacle de la grandeur morale qu'ils ne peuvent plus être confondus dans la foule des êtres, et qu'ils surgissent de chaque génération comme des types impérissables de perfection ; ils apparaissent au monde tout à la fois comme des preuves vivantes de la religion qui les a faits ce qu'ils sont, et de la miséricorde de Dieu qui les a donnés à la terre pour continuer son œuvre de salut et d'amour. Les saints portent tous ce double caractère : ils ont été en eux-mêmes des chefs-d'œuvre de la grâce, et vis-à-vis des autres les grands ouvriers de Dieu ici-bas.

Si l'on y fait réflexion, on voit, en effet, qu'ils ont eu sur leur temps et sur les temps qui ont suivi une influence profonde, progressive, providentielle. Cette influence plus ou moins étendue, selon la mission qui leur a été confiée, est un des phénomènes de l'histoire, qui ne s'explique que par l'intervention divine et rend à la Providence, qui gouverne seule et souverainement le monde, le plus solennel témoignage.

Que si cette remarque se justifie chez tous les saints, même les moins connus des multitudes, elle éclate, comme la lumière du midi, quand il s'agit des saints devenus populaires, soit par la splendeur de leur vie, soit par la grandeur de leurs bienfaits.

Pour ceux-là, étudier et connaître leur mission dans leur siècle, c'est les étudier et les connaître eux-mêmes; c'est rendre saisissante l'action de Dieu en eux, et par eux sur les hommes.

Voilà pourquoi au début de ces discours destinés à vous rappeler la vie et les œuvres de sainte Thérèse, et à glorifier en elle le Dieu qu'elle a aimé uniquement ici-bas, j'ai cru devoir vous la montrer dans le siècle où elle a vécu et sur lequel s'est exercée sa prodigieuse action, avant même de la voir de tout près et dans l'intime de son âme. Ne contemple-t-on pas la masse d'un monument avant d'en admirer les détails, et n'embrasse-t-on pas du premier regard l'ensemble du tableau avant de s'arrêter sur les traits par où s'achève et se complète l'image qu'il représente ?

II. — Le xvie siècle, qui a vu naître sainte Thérèse est une des époques les plus remplies, les plus agitées et les plus émouvantes de l'histoire. Il inaugure le monde moderne et met fin à ces siècles de formation politique et de splendeur chrétienne qu'on appelle le moyen âge.

De grands évènements l'avaient préparé.

Les Turcs, en s'emparant de Constantinople, avaient mis fin à l'empire d'Orient. Chassés de la catholique Espagne après cinq cents ans d'une lutte incessante et vraiment héroïque, ils venaient de s'établir en maîtres dans la seconde Rome, d'où ils allaient, pour longtemps encore, menacer et troubler l'Europe. Les derniers vestiges de la grande œuvre de Constantin en Orient, minés depuis longtemps par le schisme le plus opiniâtre et le plus déloyal qui fût jamais, avaient disparu sous le cimeterre de Mahomet II.

La ruine de leur pays avait jeté en Italie et en Europe une multitude de Grecs lettrés qui vinrent révéler les trésors oubliés de la littérature hellénique. Cette profusion d'érudition coïncidant avec un goût presque universel pour les lettres et les arts ; un souffle nouveau, celui des grandes époques, fait éclore une floraison brillante et variée de poètes, d'écrivains, de peintres, de musiciens, d'architectes ; on s'éprend de passion pour les monuments retrouvés de l'art grec et romain ; la Renaissance, comme on l'a appelée, donne au monde le siècle de Léon X avec son cortège de génies si justement admirés, dont les noms remplissent le livre d'or de cette féconde époque. Ce mouvement excessif d'admiration pour les arts et les lettres antiques dépasse le but et ne contribue pas peu à l'altération des mœurs et à l'esprit de libre examen dont on signalera bientôt les redoutables progrès.

Le siècle qui voit jeter dans les airs la coupole de Saint-Pierre de Rome entendra aussi les accents révolutionnaires de Luther. Ce siècle, sous des dehors brillants, porte une âme malade. Les mœurs publiques et privées subissent un relâchement général ; l'Eglise a vu l'indiscipline se glisser dans ses rangs ; l'esprit monastique est en décadence. Le contact du monde, une longue prospérité, la tentation des richesses ont tout énervé : le sanctuaire et le cloître en sont également infectés.

La poussière d'ici-bas va-t-elle ternir la blancheur de la robe immaculée de l'épouse du Christ ?

Pleurez, prophètes ! gémissez, oints du Seigneur ! Le sel de la terre menace de s'affadir, et quand le vent de la tempête soufflera, il ne trouvera que trop d'ivraie, de fleurs flétries, d'arbres stériles ou à demi-déracinés, qu'il balaiera et rejetera loin du champ du père de famille.

On entend vers ce temps-là, dans les chaires d'Italie, un saint moine, Egidius de Viterbe, qui va, criant comme un autre Jérémie : « Si vous ne vous convertissez, vous périrez tous ! » et qui appelle les peuples à la réforme des mœurs. Luther entend le mot, il en fait son cri de guerre et le prétexte de sa révolte.

L'Eglise, qui n'a besoin que d'elle-même pour se renouveler, a déjà assemblé le concile général de Latran, et commencé l'œuvre de la vraie et sainte réformation qu'elle poursuivra dans l'immortel concile de Trente. Et Dieu qui aime son Eglise lui suscite des apôtres et des saints qui l'aideront dans son œuvre. Les saints, comme dans tous les grands périls de la Société chrétienne, seront alors prodigués au monde. Quel siècle, que celui qui mettra sur ses autels des Pie V, des Charles Boromée, des Pierre d'Alcantara, des Jean de la Croix, des Antonin de Florence, des Nicolas de Flue, des Catherine de Bologne, des Catherine de Gênes, des François de Borgia, des Thomas de Villeneuve, des Jérôme Emilien, des Camille de Lellis, des François Xavier, des Philippe de Néri ? Dans cet universel effort de rénovation et de sève chrétienne, deux noms semblent résumer l'œuvre de la sainteté : Thérèse de Jésus restaure la vie intérieure et spirituelle ; Ignace de Loyola imprime un nouvel élan à l'action apostolique et aux œuvres extérieures du zèle le plus ardent.

L'un enfante une nouvelle milice à la hauteur de tous les dévouements et à l'épreuve de toutes les persécutions ; l'autre, réforme l'ordre le plus vénérable par son antiquité et lui infuse avec une vie nouvelle, une nouvelle mission : celle de prier, de souffrir, de réparer pour la société coupable.

Thérèse vient rappeler à un siècle perverti par une sensualité raffinée, les lois austères de la mortification chrétienne, et renouvelant les prodiges de pénitence et de mortification des âges héroïques du Christianisme, elle expiera dans sa chair virginale les désordres de son temps. Elle peuplera l'Eglise d'une armée de victimes volontaires qui s'offriront à la justice divine en holocaustes pour les péchés du monde, achevant, selon la sublime théologie de saint Paul, ce qui manque aux souffrances de Jésus-Christ, et elle, leur mère, pourra pousser ce cri qui n'eut jamais d'égal dans l'humanité : « Ou souffrir, ou mourir ! »

Aux beaux esprits de son temps, à ces artistes épris des formes humaines qui allaient rendre de nouveau à la beauté un culte païen ; à ces écrivains, à ces poètes qui, dans des vers passionnés ou des romans licencieux, célèbrent l'amour profane et les fastes de la galanterie, la séraphique Carmélite d'Avila montrera la honte et le crime de leurs misérables parodies, en révèlant les charmes incomparables et les rayonnantes splendeurs de l'amour divin.

Aux philosophes de la Renaissance, à ces Platoniciens affolés de quelques sentences de leur maître dérobées à l'éternelle vérité, Thérèse opposera les sublimités de la théologie mystique, et répandra plus de lumière, plus d'élévation, plus de vie dans quelques pages de ses célestes écrits qu'on en admire dans les volumes du plus célèbre des disciples de Socrate ; et tandis que ces philosophes, avec tout leur génie, pourront à peine s'élever au-dessus des conceptions naturelles de l'intelligence, elle, avec le vol hardi des séraphins, pénètrera d'un coup d'aile dans les hauteurs des cieux, et pourra répéter justement avec l'apôtre : « *Nostra autem conversatio in cœlis est.* » (I)

III. — Ainsi en face du naturalisme, la plaie morale du xvie siècle, et qui, dégénérant bientôt en matérialisme dans les âges suivants, menacera l'ère moderne d'une nouvelle barbarie, Thérèse de Jésus arbore l'étendard du surnaturalisme, à la fois spéculatif et pratique.

Et comme cette formidable lutte entre le naturalisme et le surnaturalisme qui est au fond, M. F., toute la lutte des temps modernes, sera entreprise sous le couvert et le prétexte de la science ; que les apôtres

(1) Philipp·, 3, 20.

de la matière iront, répétant aux simples et aux igno-
rants ce grand mot qu'ils déshonorent en le prosti-
tuant : La Science, la Science ! Thérèse et tous les
beaux génies catholiques du xvie siècle, les Philippe
de Néri, les Bellarmin, les Suarez, pousseront à la
restauration de la science maîtresse, la science théolo-
gique, et au culte de toutes les sciences ; comprenant
que Dieu étant la raison dernière et le centre de toute
science, plus on avance dans les connaissances de tout
ordre que la science embrasse, plus on se rapproche de
Lui, l'éternelle vérité, selon cette pensée si connue
d'un philosophe chrétien (1), né aussi dans le siècle de
Thérèse. « Si peu de science peut enfler l'esprit et le
détourner de la religion, beaucoup de science au con-
traire y ramène ».

Les conditions de la lutte entre l'erreur et la vérité
avaient été singulièrement modifiées au xvie siècle par
une invention merveilleuse, accomplie au siècle pré-
cédent, et qui avait bouleversé de fond en comble le
monde intellectuel ; nous voulons parler de l'imprimerie, qui mettait désormais au service de la parole des
moyens illimités de propagande.

Jusque là l'enseignement oral avait été le grand agent
de l'instruction publique. On pouvait contrôler par la
personne, la vertu, le mérite du maître la sincérité et
la vérité de sa doctrine. « Allez, enseignez les nations,
apprenez-leur à observer ce que je vous ai commandé »
avait dit Notre-Seigneur à ses apôtres. Et parce que

(1) François Bacon.

leur sainteté et leurs miracles persuadaient plus que leurs discours, ils avaient converti le monde. Après eux, ceux qui enseignaient avaient dû soutenir leurs paroles de l'autorité de leurs exemples et de leur vie. L'erreur pouvait se glisser sans doute et s'imposer aux masses, mais elle avait son contre-poids dans l'examen que l'auditeur pouvait faire subir à la personne des faux docteurs. Le langage vivant apporte avec lui sa justification ou sa condamnation.

Désormais tout est changé. La parole imprimée, multipliée à l'infini, répandue en tous lieux, est dépourvue de responsabilité comme de garantie. Elle va également porter la vie et la mort, les enseignements les plus salutaires et les plus funestes doctrines. Agent infatigable de salut et de ruine, l'imprimerie apparaît, au berceau de l'âge moderne, comme l'arbre de la science du bien et du mal, destiné à éprouver la race humaine d'une tentation sans cesse renouvelée ; et si le premier livre qui sort des presses de Gutemberg est le livre par excellence, la Bible, l'hérésie et l'impiété multiplieront bientôt par son aide leurs mortels poisons.

Les athlètes de la vérité seront contraints de se servir de cette arme nouvelle. Thérèse, sur l'ordre réitéré de ses supérieurs, écrira ; ses écrits seront imprimés ; sa parole retentira en tous lieux, et l'humble recluse d'Avila instruira son siècle.

Quelle science lui enseignera-t-elle ? La première, la plus nécessaire, la plus éminente, et la seule après tout qu'il importe de connaître, la science de l'amour de Dieu.

Thérèse écrivain sera proposée comme modèle par l'Eglise qui nous exhortera de faire de sa doctrine l'aliment de nos âmes : « *ita cœlestis ejus doctrinæ pabulo nutriamur* »

Elle racontera sa *Vie* et sa sublime ascension vers la perfection ; ses *Fondations*, c'est-à-dire sa grande œuvre de réformation et son action apostolique ; elle marquera dans le *Chemin de la Perfection* les degrés qu'il faut monter pour arriver au sommet de cette échelle mystique qui a sa base sur la terre et son terme aux cieux ; elle achèvera ses leçons et ses conseils, dans les *Avis spirituels ;* elle décrira, dans le *Château intérieur*, les transformations successives et les célestes métamorphoses de l'âme transfigurée par la divine charité, et elle laissera déborder son cœur dans les *Élévations* et la paraphrase du Cantique des Cantiques, en effusions ineffables de tendresse et de reconnaissance envers son Jésus adoré.

Mais prenez garde, M. F., tout en s'élevant sur les sommets de l'idéal amour, Thérèse demeure, non seulement dans les limites de la plus pure orthodoxie, mais encore sur le terrain de la pratique et des réalités vivantes d'ici-bas. Son génie est fait d'élévation mais aussi de bon sens, de bon goût et même d'aimable finesse. Son humilité profonde la défend contre tout écart de vanité ; sa docilité absolue à l'Église, à sa sainte hiérarchie, à ses directeurs la garde de toute imprudence ; son zèle si ardent sera toujours selon la science. C'est elle, la mystique incomparable, qui proclamera, devant son siècle, et recommandera à tous les défenseurs de la vérité, dans la lutte des temps modernes, la grandeur, la nécessité, le culte de la science.

« La science, écrira-t-elle, est une grande chose, et les lettres sont utiles à tout.

« Plus on est avancé dans les voies de Dieu, plus on a besoin des lumières de la science pour se conduire. »

Elle dira à ses filles, en tête de ses avis :

« L'esprit de l'homme ressemble à la terre qui, bien que fertile, ne produit néanmoins que des ronces et des épines lorsqu'elle n'est pas cultivée. »

C'est elle qui a dit encore : « J'aimerais mieux traiter avec un homme savant qui ne serait pas pieux, qu'avec un homme pieux qui ne serait pas savant, parce que ce dernier ne pourrait m'instruire de la vérité, ni fonder sa conduite sur elle... La piété sans la science peut jeter les âmes dans l'illusion, les porter à des dévotions sottes et niaises, et Dieu nous garde de ces dévotions ! »

Da là vient que dans son ordre, où l'oraison est si fervente et l'âme de toute la vie du Carmel, la piété a toujours conservé ce caractère de gravité et de sagesse qui force l'admiration des plus difficiles, et qu'on s'y est tenu constamment en garde contre les dévotions nouvelles et les vaines observances que l'Église n'avait pas sanctionnées de son approbation.

Comme saint Bernard, l'un des maîtres du vrai mysticisme, Thérèse a compris par ses conseils et par ses exemples que « si l'on néglige la science, l'esprit d'erreur rend facilement tout le zèle inutile. *Facillime zelo tuo spiritus illudet erroris, si scientiam negliges,* ». et elle répète avec un des grands conciles de sa noble Espagne (1) : « Que l'ignorance est la mère de toutes les erreurs et doit être évitée par ceux surtout qui ont la garde de la vérité. » *Ignorantia mater cunctorum errorum maxime in sacerdotibus Dei vitanda est.* Parole libératrice que le grand pape Benoit XIII répétera au monde chrétien en stigmatisant *l'ignorance comme la source de tous les maux.*

Thérèse n'hésite pas à se faire le champion de la science et à encourager ceux que posséderaient le noble tourment de la vérité et le zèle des âmes à combattre la fausse science par la vraie science.

Elle-même, tout en traitant les plus hautes et les plus difficiles questions de la théologie mystique, a su éviter les écueils où ont échoué après elle de nobles intelligences et des cœurs pieux, et elle a mérité les suffrages des plus illustres penseurs. Leibnitz avoue qu'il lui a emprunté les principes de la plus haute philosophie. Bossuet aime à constater que l'Église, « en célébrant la sublimité de sa céleste doctrine, la met presque au rang de ses docteurs, » devançant peut-être ainsi les grandeurs futures qui lui sont réservées; et la sainte liturgie exhorte les âmes à en faire leur nourriture préférée.

IV. — Quoi d'étonnant, après cela, que notre sainte ait exercé sur son temps une puissante influence ? Elle devient le centre d'une famille de saints qui puiseront

(1) Concile de Tolède.

à son foyer la chaleur et l'inspiration. Saint Thomas de Villeneuve, saint François de Borgia, saint Pierre d'Alcantara, saint Jean de la Croix, l'entoureront de leur sollicitude, mais ils proclameront qu'ils ont plus reçu d'elle de lumière et d'édification qu'ils ne lui ont donné de conseils et d'encouragements. Vous tous qui l'avez connue et dirigée, Alvarez de Mendoza, pieux et savant Evêque d'Avila, généreux Bainès, digne enfant de saint Dominique, sage et bienheureux Balthazar Alvarez, de la Compagnie de Jésus, vénérables Jean et Julien d'Avila, prêtres selon le cœur de Dieu, ne sortiez-vous pas embrasés de ses entretiens, et n'alliez-vous pas porter à vos frères le feu divin qu'elle vous avait communiqué?

Par eux, par les âmes d'élite qu'elle s'attache, son action rayonne de proche en proche sur le sacerdoce, les ordres religieux, sur le peuple d'Espagne ; et pendant la partie apostolique de sa vie, elle produira partout où elle passera une telle impression, qu'elle sera forcée de se dérober aux témoignages de l'admiration publique et que son humilité s'alarmera du bruit qui se fait autour de son nom. Par la réforme qu'elle porte dans la vie religieuse, l'esprit de pénitence, de prière et de sacrifice qu'elle fait refleurir dans les cloîtres, les réparations incessantes qu'elle y assure à la divine Justice, par le dévouement à l'Église et le zèle pour la conversion des brebis égarées qu'elle inspire, non seulement aux saintes cohortes qu'elle dirige, mais à tous ceux, grands et petits, qui l'approchent, elle fait en Espagne œuvre d'apôtre. Son influence ne tardera pas à percer les murs de ses cloîtres et s'étendra jusqu'au cœur même de sa patrie, à ce point qu'un écrivain fameux, hostile à nos croyances, a été contraint de reconnaître que notre grande Thérèse a plus contribué à préserver son pays de l'hérésie protestante que les saints et les rois de sa noble nation. « Thérèse, dit M. Edgard Quinet, fut la véritable adversaire de la Réforme. Elle fonda un ordre pour la combattre par la prière, les larmes et l'amour..... On n'avait point entendu de pareils gémissements depuis la descente du Golgotha.»

V. — Thérése n'a-t-elle parlé, écrit, agi que pour l'élite des vierges qu'elle attache au cortège de l'Agneau, pour les natures exquises qu'elle entraîne après elle dans les hautes sphères du mysticisme et auxquelles l'Esprit de vie inspire de rechercher les dons les plus excellents ? selon cette exhortation de l'apôtre : « *Œmulamini autem charismata meliora.* » (1)

Non, elle aime toutes les âmes, elle donnerait mille vies pour en sauver une seule, elle sait que c'est la volonté du Père qui est aux Cieux, que tous ses enfants tendent à la perfection. *Estote ergo vos perfecti sicut et Pater vester cœlestis perfectus est* (2), et elle adresse à tous ses conseils pratiques, pleins de sagesse et d'expérience. Ecoutez, M. T. C. F., car c'est à nous qu'elle parle : « En quoi consiste, dit-elle, la souveraine perfection ? Evidemment ce n'est ni dans

(1) Saint Paul I, Cor., 12, 31.
(2) Matth., 5, 48.

les consolations intérieures, ni dans les sublimes ravissements, ni dans les visions, ni dans le don de prophétie ; mais elle consiste à rendre notre volonté si conforme et si soumise à celle de Dieu que nous embrassions de tout notre cœur ce qu'il veut, et que nous acceptions avec la même allégresse ce qui est amer et ce qui est doux, dès que nous savons que c'est son bon plaisir. »

Voilà en effet le fondement de la perfection sur lequel tous les fidèles, dans quelque situation que la Providence les ait placés, peuvent asseoir fortement et utilement leur vie. « Par là, ajoute-t-elle, il n'est point de chrétien qui, avec la grâce de Dieu, ne puisse arriver à la véritable union, pourvu qu'il s'efforce de tout son pouvoir de renoncer à sa volonté propre pour s'attacher uniquement à la volonté de Dieu. »

Le signe principal qu'elle donne de l'avancement dans la vertu, c'est l'humilité, cette pierre angulaire de l'édifice de la vie spirituelle. « Là, dit-elle, est la marque certaine du progrès spirituel, et non dans les délices de l'oraison, dans les visions ou les ravissements. »

Ainsi son enseignement s'adresse à tous, et après avoir guidé les âmes les plus élevées jusqu'à l'union avec Dieu, elle conduit par la main les plus humbles fidèles dans ce difficile pèlerinage de la vie. Sa doctrine est à la fois sublime et populaire, idéale et pratique ; elle se fait toute à tous pour gagner toutes les âmes à Jésus-Christ. *Omnibus omnià factus sum ut omnes facerem salvos* (1).

(1) Saint Paul I, Cor. ix, 22.

VI. — Si vous me demandez maintenant l'influence qu'a exercée au milieu de ce brillant xvie siècle, et de cette puissante Espagne, alors encore la reine du monde, cette humble carmélite renfermée dans son cloître d'Avila, douce, aimable, souffrante, qui s'est ensevelie vivante avec le Christ et ne veut plus converser qu'avec les anges ? De quel poids a pu être sa parole ou sa prière dans les destinées du monde, dans un temps qui a vu passer successivement les grandes figures de Jules II, de Léon X, de saint Pie V, sur le trône pontifical ; de Ferdinand, d'Isabelle-la-Catholique, de Charles-Quint, de Philippe II sur le trône d'Espagne ; de François Ier sur le trône de France ; qui a vu s'assembler des conciles généraux comme ceux de Latran et de Trente ; qui a été ébranlé par des hérésiarques comme Luther, Calvin et Henri VIII ; qui a retenti du bruit de batailles telles que Marignan et Pavie ; qui a montré des guerriers comme Bayard, des artistes comme Raphaël et Michel-Ange ; des poètes comme Ronsard et le Tasse ; des musiciens comme Palestrina, des politiques comme Machiavel, des découvreurs de mondes comme Colomb et Cortez, des savants comme Copernic, des jurisconsultes comme Dumoulin et Cujas, des théologiens comme Bellarmin et Suarez ; des saints innombrables de tout sexe, de toute nation, de tout ordre ; quelle place, encore une fois, peut prendre dans cette élite d'un siècle resplendissant entre tous, une pauvre religieuse dont la vie est cachée, mûrée, presque inconnue à ses concitoyens ? Quelle place, M. T.

C. F., si j'en crois mon cœur et ma foi, et la reconnaissance des âmes les plus pures et les plus saintes, si j'en juge par l'enthousiasme d'une grande nation et les démontrations de la piété catholique : la première ; oui, la première place dans les annales de la sainteté dans ce siècle

Quelques noms éclatants que je choisisse parmi les héros de la foi, contemporains de notre sainte, je n'en vois pas un qui surpasse celui de Thérèse de Jésus ; j'en cherche même qui l'égale dans l'admiration des générations chrétiennes et dans l'ardente sympathie des peuples. *Multæ filiæ congregaverunt divitias, tu supergressa es universas !*

Allez à cette heure en Espagne, vous serez témoins d'un élan, d'un amour qui défient toute description. Les pontifes, les prêtres, les ordres religieux, le roi, la cour, la noblesse, la bourgeoisie, le peuple, tous acclament la sainte d'Avila comme l'une des grandes gloires nationales et célèbrent son troisième centenaire par des manifestations où vibrent la foi, la confiance, la piété, l'âme de tout un grand pays. Le tombeau de la sainte disparaît sous des montagnes de fleurs, toutes les églises sont illuminées en son honneur et remplies de son nom ; tous les échos, de Cadix aux Pyrénées, se renvoient à sa louange des cantiques qui ne s'interrompent ni jour ni nuit. C'est un transport incomparable, une universelle émulation de tendresse et de reconnaissance, un triomphe populaire.

Que si vous cherchez la raison de cette gloire sans

rivale de Thérèse de Jésus, après trois siècles écoulés, et de son influence profonde sur son pays et sur toutes les nations chrétiennes, le secret de la grandeur et de la sainteté de l'humble carmélite d'Avila, vous l'apprendrez en étudiant sa vie, que je vous rappellerai demain, et surtout dans ce fait qui remplit, qui domine toute sa vie, et qui est la première et la dernière raison de la perfection des âmes ici-bas.

Thérèse de Jésus a aimé le Christ, elle l'a beaucoup aimé, et parmi tant de grands cœurs qui l'ont aimé aussi dans son temps, c'est elle, la séraphique vierge, qui l'a le plus aimé!

Et nous, avec elle et par elle, ne nous séparons pas ce soir, de cette douce enceinte, sans faire monter vers notre divin Jésus les élans de notre cœur, et sans nous renouveler, prêtres, religieuses et fidèles, dans la résolution de vivre et de mourir pour Lui.

Amen.

DEUXIÈME JOUR

LA VIE DE SAINTE THÉRÈSE

La vie de sainte Thérèse est de celles qui désespèrent toute parole. Elle mériterait d'être chantée par les séraphins, car le langage humain est impuissant à rendre les ineffables ascensions de cette âme que l'amour de Dieu a transfigurée, comme il ne saurait exprimer les communications divines dont elle a été favorisée. Les orateurs les plus illustres de notre chaire, Bossuet, Fénelon, Fléchier, ont consacré tour à tour leur grande voix au panégyrique de sainte Thérèse, mais s'ils ont su célébrer ses vertus et tirer de sa vie des enseignements pleins d'édification, ils ont reculé devant la tâche de raconter cette vie elle-même, car à vrai dire, pour parler dignement de cette merveilleuse âme et des dons uniques qui lui ont été prodigués, il faudrait être elle-même, et c'est pourquoi le pieux et sage directeur de notre sainte lui a fait un devoir d'écrire sa vie. C'est à cette source seule qu'il faut donc puiser, c'est à Thérèse qu'il convient de demander ce qu'elle a pensé, ce qu'elle a fait, par quelles voies miséricordieuses et extraordinaires elle a été conduite au sommet de l'amour et de la perfection, comme aussi à l'accomplissement de sa mission ici-bas. Ce récit, que le monde chrétien lit depuis trois siècles avec une admiration et une émotion toujours croissantes, est bien connu des âmes pieuses de cet auditoire. Aussi nous contenterons-nous d'en rappeler seulement quelques traits principaux. Nous réclamons votre indulgence pour ce que nous ajouterons de nous même, nous souvenant que Thérèse était d'une bienveillance extrême pour les prédicateurs, qu'elle écoutait toujours volontiers, et dont elle aimait à encourager la difficile mission.

Sa merveilleuse histoire se présente à qui la contemple et la médite sous deux aspects principaux : elle comprend la vie intérieure de notre sainte et ce qu'on peut appeler sa vie extérieure et publique. Elle commence par se réformer elle-même avant de réformer son ordre ; elle se met docilement sous la conduite de Dieu, qui façonnera de ses mains sa sublime ouvrière avant de lui confier son grand œuvre, et opèrera magistralement et amoureusement en elle, afin qu'elle puisse ensuite opérer à son tour dans le champ de son Église.

O ma céleste Thérèse, ce n'est pas sans un profond sentiment de mon indignité que j'entreprends de parler de vous, vous si belle et si grande, moi si chétif et si misérable ! Que ne peuvent-ils prendre ma place, ces prêtres vénérables, qui m'écoutent ! Je me console en pensant que votre radieuse image plane sur cet auditoire, que votre pur et doux souvenir demeure présent à chacune de ces âmes qui palpitent de tendresse et d'admiration pour vous. Ces inscriptions si expressives, ces fleurs, ces lumières, ces riches ornements, cette pompe, ce concours du peuple et du clergé, ce saint enthousiasme qui s'exhale par des chants et des prières, ne sont-ils pas le plus éloquent des panégyriques, et que reste-t-il à faire au prédicateur, si ce n'est à vous nommer seulement, à vous placer au milieu de tous ces hommages et à vous contempler dans le plus tendre recueillement ? Mais puisqu'il faut parler, c'est à vous, divine Thérèse, que je demande d'inspirer ma voix, et de m'obtenir par Marie les lumières de l'esprit de vie et d'amour.

Ave Maria.

I. — Il plut à Dieu de placer le berceau de notre sainte dans la catholique Espagne et dans la ville d'Avila, la ville des chevaliers et des saints, et de prêter un corps à cette âme angélique le 28 mars 1515. Les premières impressions du foyer domestique sont souvent décisives, c'est pourquoi nous voyons dans presque toutes les vies des saints que Dieu leur a donné des parents selon son cœur. Thérèse nous a laissé ce touchant portrait des siens : « Mon père était très charitable envers les pauvres et les malades et avait une si grande bonté pour les serviteurs qu'il ne put jamais se résoudre d'avoir des esclaves, tant ils lui faisaient compassion. Il était très véritable dans ses paroles : on ne l'entendit jamais jurer ni médire de personne, et il n'y avait rien dans toute sa conduite que de fort honnête et de fort louable.

« Ma mère était aussi très vertueuse, quoiqu'elle fût extrêmement belle ; elle faisait si peu de cas de cet avantage qu'elle avait reçu de la nature qu'encore qu'elle n'eût que trente-trois ans lorsqu'elle mourut, une personne fort âgée n'aurait pu vivre d'une autre manière qu'elle faisait. Son humeur était extrêmement douce ; elle avait beaucoup d'esprit. Nous étions douze enfants, trois fils et neuf filles, et tous, par la miséricorde de Dieu, ont imité ses vertus et celles de mon père. Mon père était fort affectionné à la lecture des bons livres, et en avait plusieurs en langue vulgaire, afin que ses enfants les pussent entendre. Ma mère secondait ses bonnes intentions pour nous, et le soin qu'elle prenait de nous faire prier Dieu et de nous porter à concevoir de la dévotion pour la sainte Vierge et pour quelques saints, commença à m'y exciter à l'âge de six ou sept ans. J'y étais aussi poussée parce que je ne voyais en mon père et en ma mère que des exemples de vertu. »

J'ai mis à dessein ce frais et édifiant tableau d'une famille chrétienne, au début de cette sainte vie, car si nous y rencontrons plus tard des faveurs extraordinaires et des voies insolites qui peuvent désespérer notre faiblesse, ici du moins tous peuvent puiser cette fortifiante leçon que la famille est le sanctuaire où se forment les belles âmes ; que les exemples d'un père et d'une mère sont pour les enfants le meilleur patrimoine, parce que leur influence s'étend sur toute la vie, et que, selon cette belle parole du comte de Maistre : « C'est sur les genoux de la mère que se forme ce qu'il y a de plus excellent dans le monde. »

O mères, qui m'écoutez ici, laissez-moi vous dire que jamais votre mission ne fut plus grave ni plus nécessaire. L'avenir de la France livrée en proie aux sectes qui veulent former l'enfant sans Dieu est maintenant entre vos mains. Elevez vos sentiments à la hauteur des épreuves présentes. Comme la mère de saint Athanase, dites résolument : « Je veux faire de mon fils un saint ! » et méritez d'entendre un jour vos fils et vos filles bénir votre mémoire, en s'écriant avec saint Augustin : « O mon Dieu ! je dois tout à ma mère ! » Soyez sûres, comme l'a dit une voix autorisée, que si vous vous faites un devoir d'imprimer fortement sur l'âme de vos enfants le caractère divin de la foi et de la piété, la main du vice ne l'effacera jamais entièrement, car, même dans les plus grands égarements, « rien ne rapproche plus de Dieu, selon le mot d'Ozanam, que le souvenir d'une sainte mère. »

II. — Thérèse répondit, dès son jeune âge, aux soins et aux espérances de ses dignes parents. Elle tenait de sa mère la beauté extérieure, reflet de son âme ; de son père, la noblesse et la pureté de ce vieux sang castillan, qui avait coulé, à travers de glorieuses généra-

tions, dans les veines des Cépéda, vaillants gentils-
hommes, fidèles à Dieu et au roi, braves comme le
Cid, intègres comme les blocs de granit d'Avila, chrétiens comme des croisés. A sept ans, Thérèse se sent
la vocation du martyre ; elle entraîne son frère dans
le pays des Maures, voulant mourir pour sa foi. Ce
petit cœur vaillant exerce déjà son prestige. Quand on
arrête les fugitifs, le frère s'écrie : « C'est la Nina qui
m'a déterminé. »

La Nina rentre en soupirant au bercail. Elle grandit
en intelligence et en vertu. Elle avait douze ans lorsqu'elle eut la douleur de perdre sa mère. « Connais-
sant la perte que j'avais faite, dit-elle, je me jetai toute
fondante en larmes aux pieds d'une image de la sainte
Vierge, et la suppliai de vouloir être ma mère.
Quoique je fisse cette action avec une grande simpli-
cité, il m'a paru qu'elle me fut fort avantageuse ; car
j'ai reconnu manifestement que je ne me suis jamais
recommandée à cette bienheureuse mère de Dieu qu'elle
ne m'ait assistée. »

Thérèse est placée à quatorze ans comme pension-
naire au couvent des Augustines d'Avila, où l'on éle-
vait les jeunes filles de son rang, et en sortit à seize
ans dans toute la fleur de sa jeunesse et de sa beauté.
Le monde la séduisit alors un instant. Vive, aimable,
aimante, elle voulut plaire, elle plut. Des lectures et des
amitiés imprudentes la détournèrent de la ferveur, et
l'engagèrent dans un goût trop vif des vanités du
siècle. Ce fut ce qu'elle a appelé, avec l'exagération
de la pénitence, la phase de ses égarements. Laissons-

la s'accuser, dans sa vie, avec la componction la plus
touchante, de ses défaillances et de ses fautes. L'histoire des saints y gagnera un grand exemple d'humilité de plus, mais retenons de toutes ces pages mouil-
lées des larmes de la componction la plus vive qu'elle
n'a jamais failli à l'honneur ni commis un péché mor-
tel. Sans doute elle a perdu, pendant quelques années,
le chemin de cette haute perfection à laquelle elle devait parvenir ; mais elle n'a jamais suivi la voie de
l'iniquité. Elle obéit à la vocation irrésistible qui l'appelle au Carmel. Le 2 novembre 1533 elle entre au
couvent de l'Incarnation d'Avila. Elle avait alors dix-
huit ans. L'année suivante elle y fait profession. Elle
devait faire l'expérience personnelle de la nécessité
d'une réforme dans son ordre. Dans son couvent de
l'Incarnation la clôture n'existait pas, la régularité
n'était pas fidèlement observée, le commerce du
monde altérait l'esprit religieux : de là les alternatives
de ferveur et de relâchement qui remplissent les
premières années de sa profession. Hâtons-nous de
sortir de ces ombres légères et d'arriver à la pleine
lumière. Les plus beaux jours ne sont-ils pas précédés
de la brume du matin ? L'heure arrive où l'amour
va s'emparer à tout jamais du cœur de Thérèse et y
établir l'un des sanctuaires les plus doux, les plus aimés
qu'il ait eus ici bas !

III. — Quel fut le trait profond qui blessa cette
âme ? Un jour elle contempla longuement l'image
du Christ souffrant, elle vit sa figure ensanglantée,

son front couronné d'épines, ses traits livides et ravagés par les meurtrissures, ses yeux éteints et si doux encore, son corps labouré de coups et ruisselant de sang : une plaie vivante.

Plus elle le regarde, plus elle est attirée. Mille fois déjà elle avait vu le Christ, jusque là elle ne l'avait pas regardé. Un grand cri s'échappe de sa poitrine : « O mon Christ, s'écrie-t-elle, ô mon Jésus, mort d'amour pour moi, je ne vous avais pas encore aimé ! » C'est fait. Thérèse lui appartient pour toujours.

Je vous comprends, Thérèse. Sans doute Jésus prend possession des cœurs comme il lui plaît. Un regard, un appel, un signe y suffisent. Il en est que sa gloire entraîne et subjugue. Sa divinité brille à leur intelligence, ils se rendent et s'attachent à ses pas. D'autres sont ravis par sa beauté, et ne peuvent plus en détacher leurs yeux. Un trait vient par le regard, dit Bossuet, qui fait que le cœur épris des beautés de Jésus-Christ lui dit : « Oh ! que vous êtes beau, mon bien-aimé, que vous êtes beau et agréable ! Oh ! Jésus-Christ ! c'est tout ce que l'on sait dire. » Vous, Thérèse, comme les plus grands cœurs, vous avez été éprise de ses larmes et de son sang. Mon Christ, c'est le Christ souffrant, rejeté, bafoué, flagellé, meurtri, sanglant, méconnaissable. Ses plaies vous ont crié l'amour. Dieu seul a pu aimer ainsi. *Sic Deus dilexit mundum.* Et vous vous êtes écriée : J'aimerai l'amour immolé, et je m'immolerai avec lui ; j'aimerai l'amour crucifié, et je me crucifierai avec lui ; j'aimerai l'amour enseveli, et je m'ensevelirai désormais en lui et avec lui.

Saintes filles du Carmel, vous me comprenez, vous qui vous êtes attachées à la croix ; vous qui meurtrissez votre front de ses épines, qui percez vos mains et vos pieds de ses clous, qui suivez le Sauveur à la trace sanglante de ses pas, qui essuyez, comme Véronique, les crachats dont on couvre sa face divine, vous comprenez et vous aimez le Christ souffrant ; quand nous, pauvres Cyrénéens, ne pouvons à peine l'aider à porter sa croix, heureux quand nous ne dérobons pas nos faibles épaules à ce fardeau.

Thérèse s'identifiera tellement avec le Christ, qu'elle en portera non seulement les plaies, mais le nom, et qu'elle rayonne dans l'histoire sous le titre ineffable de Thérèse de Jésus.

Suivez maintenant, si vous le pouvez, le vol de cette âme que l'amour du Christ a blessée !

Nous entrons dans les merveilles de l'amour, secrets divins que ne peuvent porter et comprendre que les âmes privilégiées.

Thérèse s'adonne à une oraison profonde et comme perpétuelle. « Désormais, ma fille, lui a dit le Sauveur, tu ne converseras plus avec les hommes, mais avec les anges. » Elle parcourt tous les degrés de l'oraison, qu'elle nous a si bien décrits et conseillés dans ses admirables ouvrages, où elle conjure, en termes si pressants, ceux qui n'ont pas encore commencé à faire oraison, à ne pas se priver d'un tel bien, et où elle exhorte ceux qui ont contracté cette sainte habitude à s'élever toujours plus haut, plus haut, jusqu'à s'unir avec Dieu. Et après avoir écrit sur ce sujet des pages ma-

gistrales, elle en vient à résumer d'un mot tout ce que
lui a appris l'expérience, et toute la vérité. « La perfection de l'oraison consiste non à penser beaucoup, mais
à aimer beaucoup. » Son oraison était donc un acte
d'amour sans fin que n'interrompaient pas les actes de
la vie et de la piété extérieures. La voici qui fait le vœu
de ne plus commettre, de propos délibéré, un seul péché véniel. A un tel amour, il fallait, ce semble, un
signe permanent; il va lui être donné.

Thérèse avait quarante-quatre ans; elle était encore
au monastère de l'Incarnation d'Avila, quand un jour
un chérubin plongea dans son cœur un long dard
dont la pointe était en feu. Il le plongea plusieurs
fois en la laissant tout embrasée d'amour de Dieu.
La douleur de cette blessure était vive, « mais cet
indicible martyre, dit-elle, me faisait goûter en même
temps les plus suaves délices. » Mystères, mystères de
l'amour divin, qu'il faut être saint pour vous comprendre !

Cette blessure faite au cœur de la séraphique vierge
le partage tout entier et demeure encore visible dans
la précieuse relique conservée à Albe de Tormès. Ce
fait, tout merveilleux qu'il est, a passé par l'examen
solennel de la cour romaine, et deux grands papes,
Benoît XIII et Benoît XIV, ont voulu en consacrer le
souvenir et la vérité en autorisant l'office de la Trans-
verbération du cœur de Thérèse et en attachant à cette
fête une indulgence plénière. Plus tard un prodige plus
exceptionnel encore lui sera réservé. Comme la Vierge
mère de douleurs, elle sera transpercée dans son âme.

Thérèse répond aux faveurs du ciel par une ferveur nouvelle. Marche, marche, divine blessée, avec ton cœur meurtri, percé du dard du séraphin. La plaie béante laissera couler des flots d'amour ! Les anges envieront cette victime volontaire qui peut crier par cette voix toujours ouverte : Je souffre pour celui que j'aime ! Je ne m'étonne plus si elle fait maintenant ce vœu héroïque d'accomplir en tout ce qu'elle connaîtra de plus parfait.

Notre-Seigneur la comble de ses dons, mais il la veut unie à ses souffrances, et il entend que son amour soit laborieux, comme il convient à ce triste exil. Il la met comme lui sur la croix, et pour lui imprimer fortement sa volonté, cette fois encore il lui en donne un signe palpable, un clou perçant comme ceux du Calvaire, et il lui dit : « Ne crains pas, ma fille, personne ne peut te séparer de moi... Tu vois bien ce clou, c'est le gage de notre union désormais indissoluble. Dès aujourd'hui tu es pour moi une véritable épouse. »

IV. — Thérèse était telle que le voulait son divin maître. Il lui avait dit : *Cherche toi en moi*, elle l'avait fait ; elle avait accompli sur elle la réforme la plus radicale. Elle s'était dépouillée de ses défauts, de ses sentiments, de sa volonté, de tout son être ; elle s'était jetée en Dieu, dans son immense et paternel amour ; elle ne vivait plus que pour Jésus, et elle vivait avec lui. « Je le sentais, dit-elle, près de moi. Je ne saurais dire sous quelle forme je le voyais, mais j'étais bien sûre qu'il se tenait toujours à mon côté droit, qu'il me parlait, et qu'il était témoin de tout ce que je faisais. »

Et cependant Thérèse ne laissait rien paraître de ces faveurs inouies. Sans l'ordre qui lui fut donné d'écrire ces merveilles, les hommes n'auraient jamais connu les mystères de cette vie aimante et souffrante. Extérieurement, « Elle était, dit le véridique Gratien, d'un caractère charmant. Tous ceux qui l'approchaient se sentaient attirés à elle, l'aimaient, la chérissaient, tant elle était gracieuse et avenante : bien différente de ces natures âpres et désagréables, de ces chrétiens pleins de rudesse qui se rendent insupportables à tout le monde et la perfection avec eux. Ses vertus et les faveurs qu'elle recevait de Dieu embellissaient son âme et faisaient rejaillir le plus vif éclat de la véritable beauté sur toute sa personne, en sorte qu'elle rappelait ce type de perfection que l'Ecriture appelle Thersa ou Belle par excellence. »

Elle était arrivée ainsi à la maturité de son âge, sans jamais songer à occuper le monde d'elle ; humble, docile, exemplaire, elle vivait tout absorbée par son divin Jésus, répondant à ses communications et à ses faveurs par une soif plus ardente de sacrifices et de dévouement, et elle résumait sa vie par ce cri héroïque qui a retenti dans les profondeurs des siècles : Ou souffrir, ou mourir ! lorsque le divin maître lui fit monter encore un degré dans l'amour. Ce n'est pas assez, en effet, d'aimer et de souffrir, il faut se donner. L'ange de l'École l'a proclamé : *caritas est virtus diffusiva sui.* Il fallait donc que Thérèse consommât son amour par un grand dévouement, et voici qu'elle est appelée à une mission difficile, celle de réformer l'ordre du Carmel, et au grand apostolat de la prière et de l'expiation pour la conversion du monde.

C'est la seconde partie de la vie de notre sainte qu'il nous reste à esquisser à grands traits.

V. — Le Carmel est l'ordre le plus ancien de l'Eglise. Ses origines remontent aux temps prophétiques, alors que les disciples d'Elie et d'Elisée se groupaient sur cette montagne du Carmel, célébrée si souvent dans les écritures comme un asile de fraîcheur et de paix, pour y vivre dans la méditation des saintes lettres et la pratique des observances érémitiques. Leurs vertus, plus que les parfums et les fleurs, embaumaient cette gracieuse solitude et ajoutaient à sa beauté naturelle. *Decor Carmeli et Saron, ipsi videbunt gloriam Domini* (1). Les solitaires de Carmel devinrent, dès les premiers temps du Christianisme, l'édification de la Judée. Le patriarche de Jérusalem, Albert, leur donna des règles écrites en 1205, et les religieux Carmes, alors répandus par le monde, reçurent d'Eugène IV, en 1431, des adoucissements à leurs primitives observances. Le relâchement n'avait fait qu'augmenter depuis, lorsque le divin maître pressa Thérèse d'entreprendre la réforme devenue nécessaire.

Elle y avait bien souvent pensé, elle-même, dans le fond de son cloître. D'une part, sa propre expérience, la pensée que beaucoup d'âmes appelées à la perfec-

____
(1) Isaïe, 35, 2.

tion religieuse pouvaient se perdre dans ces couvents dégénérés ; d'autre part, la vue des progrès effrayants que l'hérisie protestante faisait dans le nord de l'Europe, et dans cette France, le royaume très chrétien que Thérèse aimait d'instinct comme l'aiment tous les grands cœurs, la pressaient d'un véhément désir de se mettre à l'œuvre.

Elle jugeait sainement, comme l'histoire l'a prouvé, que la vie relâchée des monastères n'aidait que trop à la funeste propagande des errreurs de Luther et de Calvin. Les maux et les calamités qui ravageaint le monde chrétien tourmentaient sa grande âme; ceux de la France la navraient d'une indicible douleur. Il faut ici l'entendre s'exprimer elle-même.

« Ayant appris vers ce temps, écrit-elle, les coups portés à la foi catholique en France, les ravages que ces malheureux Luthériens y avaient faits et les rapides accroissements que prenait de jour en jour cette secte désastreuse, j'en eus l'âme navrée de douleur. »

Elle se jetait alors dans le sein du Sauveur et pleurait amèrement. Quelles heures d'angoises ne passat-elle pas dans ces accablantes visions ! « Il me semble, continua-t-elle, qu'en nous occupant tout entières à prier pour les défenseurs de l'Eglise, pour les prédicateurs et les savants qui combattent pour elle, nous viendrions, selon notre pouvoir, au secours de cet adorable maître si indignement persécuté. »

Elle reportait ensuite ses regards de l'Europe sur ce monde nouveau que son grand compatriote Christophe Colomb avait récemment découvert. Le sort de ces innombrables peuples encore païens remuait jusque dans ses profondeurs son cœur apostolique. Eh quoi ! des millions d'âmes encore infidèles ! Elle qui protestait qu'elle souffrirait volontiers mille morts pour en sauver une seule.

Imaginez, si vous le pouvez, les tourments de ce cœur possédé de l'amour de son Christ. Elle voulait le voir régner sur le monde, et elle le voyait, ce Christ, rejeté du monde chrétien, méconnu, tourmenté, persécuté de nouveau comme dans une nouvelle Passion ; elle le voyait ignoré des multitudes immenses qui peuplaient les deux Amériques. Elle sentait qu'un grand effort était nécessaire. Elle s'en ouvre à saint Pierre d'Alcantara, à Baînès, à son évêque, à tous ceux qui avaient sa confiance ; elle s'en ouvre surtout au divin maître ; elle reçoit enfin ses ordres ; elle est approuvée des saints personnages qu'elle consulte, elle entre alors résolument dans son œuvre. Une autre femme surgit en elle. L'humble petite carmélite de l'Incarnation d'Avila devient la grande réformatrice et l'apôtre de son siècle. Thérèse de Jésus montre au monde la puissance du dévouement.

VI. —Thérèse inaugure son apostolat par un bienfait éclatant dont l'Eglise et les âmes lui sont à jamais redevables. En fondant son premier monastère réformé de Saint-Joseph-d'Avila, elle consacre au glorieux époux de la vierge Marie la première église qui lui ait été dédiée dans le monde, selon les graves Bollandistes, et va donner à son culte un accroissement providentiel qui suffirait seul à entourer la mémoire de la sainte d'universelles bénédictions.

Saint Joseph sans doute était connu et honoré dans l'Église avant Thérèse. Les Carmes l'avaient toujours eu en singulière dévotion, et je ne puis oublier qu'un siècle avant Thérèse, notre Gerson lui avait consacré des pages touchantes, des accents de la plus tendre piété; mais il était réservé à notre sainte de raviver son souvenir dans le cœur des fidèles, de provoquer l'extension de son culte, de le signaler à notre ère moderne, comme l'un des plus puissants défenseurs de l'Eglise. N'avait-il pas eu sous sa garde le berceau de l'enfant-Dieu ? ne l'avait-il pas arraché aux mains de ses persécuteurs ? et dans les nouvelles persécutions qui allaient affliger le monde, ne fallait-il pas l'appeler à l'aide et au secours ? Et comment d'ailleurs séparer plus longtemps Joseph de Marie, dont la gloire rayonnait sur le monde chrétien ? Thérèse en avait fait l'expérience. Elle n'avait jamais invoqué en vain celui qu'elle appelait son véritable père et l'avocat des causes désespérées. De là, sa résolution de le faire connaître de plus en plus, de solenniser ses fêtes, de le donner pour patron à ses maisons de Carmel, et d'exhorter ses enfants à propager partout sa dévotion. Le mouvement parti d'Avila a gagné en effet la chrétienté. Les confréries et les églises en l'honneur de Saint-Joseph se sont multipliées; des communautés nouvelles ont porté son nom, des fêtes ont été créées pour obtenir et célébrer sa puissante intervention ; et n'avons-nous pas vu de nos jours Pie IX le proclamer solennellement patron de l'Eglise Universelle. Saint Joseph est devenu l'un des grands amours des âmes; sa gloire s'est étendue, son honneur a été exalté; et c'est vous, ma grande et sainte Thérèse, qui lui avez tressé sur la terre cette nouvelle couronne. *Gloria et honore coronasti eum* (1).

Saint-Joseph-d'Avila est donc fondé en 1562. Il est à peine besoin de dire à un auditoire chrétien que la réforme entreprise par notre sainte lui suscita des difficultés, des peines, des persécutions. Elle était l'œuvre de Dieu, elle devait être un signe de contradiction : — *Signum cui contradicetur* (2). Thérèse puise dans les obstacles une énergie nouvelle.

Forte de l'assentiment du souverain Pontife, de l'appui de son évêque, du concours de ses saints, Pierre d'Alcantara et l'héroïque Jean de la Croix, elle réforme non seulement les couvents de femmes, mais les couvents d'hommes. Dans la cinquantième année de son âge, on la voit s'élancer à travers l'Espagne, la parcourir en tous sens, et l'enrichir de ses précieuses fondations. Elle est à Medina del Campo, la voici à Séville, puis à Tolède, à Burgos, à Madrid, à Valladolid, à Ségovie, à Salamanque, partout où l'appelle l'ordre de Dieu.

VII. — Au milieu de ces occupations accablantes, va-t-elle perdre cet esprit intérieur, cette

(1) Psal., 8, 6.
(2) Luc, 2, 34.

tendre dévotion, cette union parfaite avec son Dieu qui l'ont élevée jusqu'ici au-dessus de la terre et semblaient l'avoir fixée par avance dans les Cieux ? Non, M. F., dans notre grande mystique, l'amour se développe par l'action. Jetez dans cet abîme toutes les sollicitudes, toutes les contradictions, toutes les épreuves de la vie apostolique, loin de le combler, vous le dilaterez.

Voyez le jour de Pâques à Salamanque le 15 avril 1571. Elle arrive au déclin de ses jours. Ses cheveux ont blanchi ; ses forces, si souvent affaiblies par la maladie, vont la trahir. Elle est plus éprise encore de l'amour divin que dans les belles années de sa jeunesse et de sa maturité. Elle ne peut plus exprimer par la parole les tressaillements de son âme. Elle se prend à chanter. Elle compose sa glose sublime, son divin cantique d'amour,

> Je vis, mais hors de moi ravie
> J'attends en Dieu si haute vie
> Que je meurs de ne pouvoir mourir.

C'était le chant de François-de-Sales, quand il célébrait les douceurs de la mort.

« Où êtes-vous, âme dévote ? Préparez-vous à aller en la Jérusalem céleste ? N'êtes-vous pas lassée de voir couler les rivières dans l'Océan ; les saisons de l'année s'entresuivre dans un ordre infaillible ? N'êtes-vous pas contente d'avoir cueilli les fleurs du printemps et goûté les fruits de l'automne ? L'hiver dépouille les arbres de leur honneur, pour nous faire la leçon de la mort. Ne vous suffit-il pas d'avoir vu tant de soleils, tant de jours et tant de nuits ! Retirez-vous de ces lois, dépouillez-vous de ce ressentiment, pour aller en un lieu où il y a un printemps éternel ! »

Ce n'était pas le printemps éternel que désirait Thérèse : c'était son Jésus, son Jésus tout seul, dût-elle rester éternellement crucifiée avec lui. Que lui importait la vie « cette mauvaise nuit passée dans une mauvaise hôtellerie, ce songe bon ou mauvais qui s'évanouit si promptement. » Elle n'aspire qu'à aimer sans mesure Celui qui s'est donné à elle sans mesure. Et cet amour immense, limité ici-bas, et par les entraves du fini et par les voiles et les énigmes des mystères, cet amour au-dessus de toute hauteur, de toute largeur, de toute profondeur, qu'elle veut, qu'elle poursuit, qu'elle appelle, c'est là son ciel ardemment désiré, car le ciel, elle l'a dit, c'est l'amour ; et l'amour, c'est Jésus.

Chantez, filles de Jérusalem, ce nouveau martyre de l'amour. Thérèse dans l'extase d'une inénarrable langueur sent son âme transpercée d'un glaive de douleur, et elle en sort si meurtrie, si profondément blessée, qu'elle s'écrie : « Ah ! je comprends maintenant le martyre de Marie ! »

Bossuet, muet devant cette scène, sentira son génie impuissant, ou lorsqu'il parlera, ce sera par ces exclamations : « Qu'entends-je et que dites-vous ? divine Thérèse. O transports inconnus au monde, mais que Dieu fait sentir aux saints avec des douceurs ravissantes ! »

Encore quelques années d'attente, de sacrifices, de

labeurs, et Thérèse sera exaucée et entrera en possession du bien suprême.

Nous sommes à Albe de Tormez, où Thérèse, le 20 septembre de l'année 1582, s'est rendue, quoique déjà frappée mortellement, pour remplir un devoir pressant de charité.

Brisée de souffrances et de fatigues, cette vaillante athlète est forcée de s'arrêter. Elle monte dans sa cellule au déclin du jour. « Que je me sens lasse, dit-elle, il y a plus de vingt ans que je ne me suis reposée de si bonne heure. » L'épuisement augmente encore les jours suivants. La sainte communion qu'elle reçoit chaque matin lui rend seule, par l'ardeur de son amour, les apparences de la vie. Elle annonce elle-même sa fin prochaine. Ses derniers jours en ce monde ont été dignes de sa belle vie. Chacune de ses paroles a été recueillie ; elles sont caractéristiques. On l'entoure de tous les soins. « Demeurez avec nous, mère, » lui disent ses enfants. Elle répond au Provincial : « Je ne suis plus nécessaire en ce monde. » Elle appartenait à l'humanité déchue en Adam, elle fait des actes suprêmes d'humilité, et s'écrie, comme les pécheurs les plus pénitents : « Seigneur, vous ne rejetterez pas un cœur contrit et humilié. »

La fondatrice remplit jusqu'au dernier instant sa mission. « Mes filles, dit-elle aux Carmélites rassemblées auprès d'elle, gardez bien vos règles et vos constitutions, obéissez à vos supérieures. » La mystique et la théologienne poussent ce grand cri du zèle et de l'orthodoxie, « Je meurs fille de l'Eglise catholique ! »

et la tendre amante de Jésus met toute son âme dans cette exclamation, lorsque, le matin de sa bienheureuse mort, elle vit entrer en viatique, dans sa cellule, le Dieu de la dernière communion : « O mon Seigneur et mon Epoux, le moment après lequel je soupirais avec tant d'ardeur est donc arrivé. Il est bien temps de sortir de cet exil et de nous voir. »

« Il est bien temps de nous voir ! » ce cri hardi de l'amour fut le dernier gémissement de la colombe qui expire percée d'un trait suprême, comme chante l'Eglise :

> *Divini amoris cuspide*
> *In vulnus icta concides.*

On était au 5 octobre 1582. Thérèse avait souffert et aimé 67 ans.

Et maintenant, allons à son tombeau, contemplons ce corps virginal qui repose depuis trois cents ans dans le sanctuaire d'Albe de Tormez, où il a été déposé. La mort lui a donné comme une beauté nouvelle. Les rides ont disparu de son visage, devenu blanc comme les lis qui l'entourent. Elle semble avoir commenté son extase éternelle, tant son angélique figure a de douceur et de sérénité. Trois fois, dans ce long cours des âges, le tombeau a été ouvert solennellement, et trois fois le corps saint, enveloppé de la bure du Carmel, est apparu dans sa merveilleuse fraîcheur et son intégrité, exhalant, comme au jour de sa mort, un parfum d'une suave odeur.

Oublions pour un instant les honneurs qui lui ont été rendus ; ne nous mêlons pas à la foule qui ne cesse de l'entourer de ses acclamations, de ses louanges et de ses hommages ; et entrons, le soir, à l'heure de la solitude, à la suite de ses fidèles enfants, dans le sanctuaire silencieux, et là, disons à la sainte, avec la confiance filiale de ses Carmélites d'Albe : « Mère, entends-tu ? » M'entendez-vous, en ce moment, divine Thérèse ?... Je vous parle au nom des fidèles réunis dans cette enceinte. Obtenez-leur un zèle plus ardent, un amour plus désintéressé, plus fécond en œuvres et en sacrifices pour N.-S. Jésus-Christ. « Entendez-vous, mère ? » Je vous demande pour ces bons prêtres et pour moi de mourir de la mort des justes. Sera-ce dans notre demeure, ou dans les prisons, dans l'exil, dans les supplices ? Nous ne savons, mais que votre intercession nous obtienne une constance et un courage proportionnés aux périls qui nous menacent. « Entendez-vous, ô mère ? » Accordez à vos dignes filles du Carmel de Rouen de persévérer dans leur règle et de s'endormir dans vos bras, dans leur saint habit et dans cette douce maison qu'elles ont choisie, dignes de vous, dignes du céleste époux auquel elles ont donné leur cœur. « O ma Thérèse, ô mère, entendez-vous ? » Intercédez pour la France, la seconde patrie de votre prédilection, afin qu'elle revienne à son seul seigneur et maître, le Christ Jésus, et pour l'Eglise, afin que son triomphe soit proche et sa paix assurée !

Amen.

TROISIÈME JOUR

L'ŒUVRE DE SAINTE THÉRÈSE

Et laudent eam in portis opera ejus.

Ses œuvres demeurent ici-bas sa plus belle louange.

Prov. 31, 31.

En pénétrant dans l'église de Saint-Pierre de Rome, le temple le plus magnifique élevé sur la terre par le génie et la foi au Dieu vivant dans l'Eucharistie, après avoir franchi le seuil gardé par les deux grands empereurs Constantin et Charlemagne, à cheval, comme des soldats vigilants, on trouve à droite, sur la première colonne de la nef de la basilique, une grande statue de sainte, revêtue de l'habit du Carmel, au visage extatique, tout rayonnant d'amour, c'est Thérèse de Jésus, avec cette noble légende : *Mater spiritualium*. Elle est là, notre Thérèse, dans ce sanctuaire des gloires catholiques groupées autour de la chaire de saint Pierre. Elle est là en face de son inséparable ami saint Pierre d'Alcantara, et tout près de notre grand Vincent de Paul ; elle est là, à côté des Pères et des Docteurs, lumières du monde ; des Papes

et des Fondateurs d'ordres, bienfaiteurs des siècles;
elle est là dans cette incomparable élite des héros de la
foi, à une place d'honneur ; celle qu'elle a méritée dans
l'admiration des générations chrétiennes et dans l'histoire de l'église. Ce n'est pas seulement ses vertus
suréminentes, son ardent amour de Jésus-Christ, sa vie
sublime qu'on a voulu glorifier, en lui consacrant une
statue à Saint-Pierre de Rome ; c'est la grande œuvre
qu'elle a accomplie ici-bas en laissant après elle un
ordre consacré à la prière et à la réparation, qui devait
être un des plus puissants soutiens de la foi et l'un des
boulevards inexpugnables de la société. C'est ce service
éclatant, cette gloire de Thérèse que je veux m'efforcer
aujourd'hui de remettre en lumière ; c'est la couronne
que nous déposerons sur son front en terminant ce
solennel et édifiant Triduum.

Les grands fondateurs d'ordres ont eu, comme le
divin fondateur de l'Église, le privilége de se survivre
à travers les siècles. Ils demeurent, ils se propagent, ils
se continuent dans les enfants qu'ils ont laissés, et
c'est leur propre vie, leur propre gloire, leurs bienfaits
personnels qu'on étudie et qu'on célèbre en contem-
plant dans les âges qui les ont suivis l'histoire et le dé-
veloppement de leurs fondations.

Après vous avoir montré Thérèse dans son siècle,
après vous avoir raconté sa belle vie, il me faut donc
vous la faire admirer aujourd'hui dans son action sur
le monde par son ordre et par ses enfants. Nos saintes
lettres nous l'apprennent : Les vertus des enfants sont
la meilleure gloire de leur mère ; leur fidélité à leur

vocation, sa plus douce joie; leurs œuvres, sa louange la plus éclatante. *Tu autem lætaberis in filiis tuis, quoniam omnes benedicentur* (1).

Avant d'entrer dans mon sujet et de vous montrer notre sainte se survivant 'dans son œuvre, devant une tâche qui écrase ma faiblesse, j'éprouve plus que jamais le besoin d'implorer les grâces de l'Esprit saint par l'intrcession de Marie.

Ave Maria.

I. — Toute l'œuvre extérieure de sainte Thérèse est dans ce cri qui s'échappait si souvent de son cœur : « l'Église souffre, mes filles, à la prière ! à la prière ! »

On l'entendait sans cesse s'écrier avec larmes : « O mes sœurs en Jésus-Christ, aidez-moi donc à prier pour tant d'âmes qui se perdent. C'est dans ce but que N.-S. nous a réunies dans cette maison ; c'est à cette fin que doivent tendre tous nos désirs, toutes nos larmes, toutes nos demandes ; c'est là l'objet de notre vocation. »

Ce qu'elle disait, dans ses épanchements avec ses filles bien aimées, elle l'écrivait dans le recueillement de la solitude et avec la plus profonde conviction : « Ma réforme, dit-elle, a pour objet le salut du monde et la conversion de tous les infidèles. » Il ne s'agit pas seulement dans sa pensée de renouveler dans la ferveur un ordre ancien et vénérable ; elle étend plus

(1) Tob., 13, 17.

loin ses regards ; elle embrasse dans sa sollicitude le monde entier ; elle établit sur la terre une nouvelle institution de prières et de réparations perpétuelles, destinée à faire contre-poids aux iniquités sans cesse croissantes des temps modernes, et à arrêter le bras de Dieu prêt à frapper les nations gangrenées par l'impiété. Thérèse a sondé les plaies de son temps, elle a lu dans l'avenir, et elle se met à la tête d'une croisade plus né-cessaire que les lointaines expéditions du moyen âge, celle de la prière et de la pénitence, car ce n'est plus le tombeau du Christ qu'il s'agit d'arracher aux mains des infidèles, c'cst le Christ lui-même qu'il faut conser-ver à la société.

II. — A l'heure même où elle poussait le cri d'a-larme, un événement dont les conséquences devaient être incalculables s'était accompli dans le monde. Luther avait brandi l'étendard de la révolte contre l'Église et de la révolution dans la société. Il avait érigé en doctrine l'indépendance de l'intelligence vis-à-vis de l'enseignement de l'Eglise, et substitué à la foi que l'homme doit au Verbe divin le libre examen qui discute et détruit, par conséquent, son autorité. Du domaine des discussions théologiques, cet attentat à l'autorité divine devait descendre, par une inévi-table pente, dans la réalité des faits, et ébranler sur la terre, non seulement la fidélité séculaire des peuples à la tradition catholique, mais aussi toute croyance au surnaturel, tout respect de l'autorité humaine. De telle sorte que rien n'est plus vrai de dire que la révolution qui a bouleversé le monde moral et social était tout entière en germe dans le protestantisme.

La lutte que se livrent ici bas les deux cités, devient, à partir de la fausse réforme, plus vive et plus opiniâtre ; lutte du mal contre le bien, de Satan contre Dieu, de l'homme révolté contre son seul seigneur et maître, le Christ Jésus.

Jamais cette lutte ne fit plus ressortir le double caractère de son origine qu'à cette époque critique des siècles, et deux noms peuvent la résumer. L'amour de soi poussé jusqu'à l'oubli de Dieu, c'est bien le libre examen, l'orgueil de l'intelligence, l'indépendance de la vie prêchés par Luther ; l'amour de Dieu poussé jusqu'à l'oubli de soi, c'est Thérèse avec sa passion des souffrances et les ardeurs de son dévouement.

On n'a pas assez remarqué cette génération des erreurs qui prend sa source au xvie siècle. Le libre examen enfanta le doute du xviie siècle ; et cette incrédulité dont Bossuet a dénoncé, de sa grande voix, les audacieuses entreprises, a produit l'impiété contemporaine. Les libertins du xviie siècle donnent naissance aux incrédules du xviiie.

Un siècle après Thérèse, Fénelon fait retentir la chaire de ses sinistres pressentiments. « Un bruit sourd d'impiété vient frapper nos oreilles, et nous en avons le cœur déchiré. L'instruction augmente et la foi diminue. Le péché abonde, la charité se refroidit, les ténèbres s'épaississent, le mystère d'iniquité se forme. O Dieu ! Que vois-je ? Ou sommes-nous ? Le jour de la ruine est proche et les temps se hâtent d'arriver ! »

C'est alors que se formèrent dans l'ombre ces mysté-
rieuses associations, inconnues aux âges précédents,
qu'un grand Pape a appelées la synagogue de Satan,
et où des hommes, possédés d'une fureur nouvelle, la
haine du Christ et de son Eglise, s'engagèrent par de
terribles serments, et sous le voile du plus impénétra-
ble secret, a poursuivre patiemment, sous tous les ré-
gimes, dans tous les pays et par tous les moyens, les
doctrines et les œuvres du catholicisme.

Il y a longtemps que le monde moderne est livré à
un travail souterrain, ignoré des multitudes, et qui ne
s'est révélé que par de soudaines et universelles catas-
trophes. En voyant s'écrouler sous une tempête d'impiété les sociétés chrétiennes, qu'on croyait assises sur
des fondements inébranlables, on s'est demandé comment s'est accomplie cette grande ruine ; on n'entendait pas les coups sourds portés depuis deux siècles dans
l'ombre aux assises de la société par ces sectes mysté-
rieuses. Quelques saints ont eu le pressentiment des
malheurs qui menaçaient le monde, et si le temps et
le sujet me le permettaient, je vous rappellerais leurs
accents prophétiques. Thérèse les a vus dans l'avenir
avec leurs progrès successifs. On l'entend s'écrier :
« La chrétienté est en feu ; on voudrait condamner de
nouveau le Sauveur ; déjà l'on porte contre lui mille
faux témoignages ; l'on essaye de détruire ainsi son
èglise de fond en comble. » Hélas ! M. F., c'est
notre lamentable histoire. Le Christ a été accusé, con-
damné, rejeté de la société ; son église est persécutée,
son Pape captif, ses ordres religieux dispersés ou me-

nacés, ses enfants traités en suspects par leurs propres frères.

Et cependant le Christ doit régner et règnera sur le monde ; l'Eglise est immortelle et sa victoire assurée. Dans ce terrible duel, la vie l'emportera sur la mort. Nous le chantons avec une invincible espérance. *Mors et vita duello, conflixere mirando. Dux vitæ mortuus regnat vivus.*

Quel est le gage de notre victoire ? Notre foi, les promesses infaillibles du sauveur Jésus. *Sed confidite ego vici mundum* (1).

Quelles sont nos armes ? Ah ! elles sont nombreuses et puissantes. La vérité d'abord, dont nous avons le dépôt et l'enseignement, l'apostolat, le zèle, ce feu perpétuel qui s'allume à l'autel. *Ignis autem in altari semper ardebit* (2). L'assistance, la protection, la présence permanente de notre Dieu, *ego vobiscum sum omnibus diebus usque ad consummationem sæculi* (3).

Nous avons enfin la prière et la pénitence, qui sont les deux grandes sauvegardes de la société. Ce n'est pas à un auditoire chrétien qu'il faut apprendre la nécessité et l'efficacité de la prière. Nous n'avons pas à changer l'ordre établi par Dieu. Il veut être prié, prié beaucoup, prié sans cesse, *oportet semper orare et non deficere* (4) ; il veut que l'homme, sa créature,

(1) Joan., 16, 33.
(2) Levit., 6, 12.
(3) Math., 28, 20.
(4) Luc., 18, 1.

s'unisse à lui par la prière et par le sacrifice. Il y a plus, et je m'élève aux sommets de la théologie. Le Sauveur Jésus a daigné nous associer à son œuvre et nous permettre d'y ajouter encore. Ecoutez le grand Paul se réjouissant dans les maux qu'il souffre, « pour accomplir ainsi dans sa chair ce qui reste à souffrir à Jésus-Christ, pour la formation de son corps mystique qui est son Eglise ». *Adimpleo ea quæ desunt passionum Christi, in carne mea, pro corpore ejus quod est Ecclesia* (1).

Parole qui dépasse toute humaine conception et qui ouvre des horizons infinis à l'âme qui médite.

Continuer et achever par la souffrance volontaire l'œuvre de Jésus-Christ, pour former son corps mystique qui est l'Eglise ; épancher ainsi par l'union avec Jésus-Christ dans les autres membres de ce même corps des trésors de grâces; offrir en réparation pour le monde coupable les longues veilles, les mortifications, les jeûnes, les macérations, les saintes larmes, les élans d'amour d'une vie qui est comme un perpétuel holocauste ; intercéder sans cesse par une prière fervente la miséricorde de Dieu et lui former ici bas une louange ininterrompue, telle est la vie des Carmélites, tel est l'inappréciable service qu'elles rendent à la société, et telle est l'œuvre de notre grande Thérèse.

(1) Coloss., I. 24.

III. — En vérité, pensez-vous, M. F., que notre société n'ait pas besoin de ces réparations et de ces prières ?

Mesurez, s'il se peut, l'étendue de nos crimes ! Crimes publics d'un temps qui renie Jésus-Christ, le chasse de ses lois, de ses institutions, de ses mœurs, dérobe son image aux regards de l'enfance, l'arrache violemment des places publiques, délaisse ses temples, abandonne ses sacrements, profane ouvertement le jour qu'il s'est réservé ; crimes privés d'une société égoïste qui n'observe plus les saintes lois de la famille et du mariage, qui sacrifie tout au veau d'or, trompe pour s'enrichir, commet toutes les fraudes, se permet tous les gains illicites, et n'arrive le plus souvent à la fortune que par l'injustice ; d'une société insolente qui a secoué le joug de toute obéissance, de toute hiérarchie, de toute autorité, ne respecte plus rien sur la terre ni au ciel, et semble ne connaître d'autre frein à ses passions que la lassitude et le dégoût. Crimes privés des individus qui marchent sur tous les commandements de Dieu et boivent l'iniquité comme l'eau, *Qui bibit quasi aquam iniquitatem* (1). Ah ! pour empêcher une telle société de se décomposer elle-même et d'être broyée sous les coups de la colère de Dieu, il faut autre chose que des parlements, des lois, des canons, des théâtres, et des écoles sans Dieu. Il faut à cette immense misère une immense miséricorde et des âmes pures qui l'implorent. Il lui faut ces

(1) Job, 15, 16.

victimes volontaires, ces maisons du Carmel qui détournent la foudre et méritent encore d'arrêter les regards paternels de Dieu sur l'humanité.

Saintes Carmélites, nécessaires aux pécheurs, vous ne l'êtes pas moins aux justes.

O filles de Thérèse, dans cette mêlée de choses humaines, pendant que les meilleurs d'entre nous travaillent pour la vérité, combattent l'erreur, prêchent l'Evangile, étendent le règne de Dieu, et soutiennent la lutte de la vie contre la mort, vous êtes sur le Carmel, comme Moïse sur la montagne, les mains levées vers le Ciel.

Vous suppléez à l'imperfection de leurs prières, vous fécondez leurs œuvres, vous attirez sur elles les bénédictions du Ciel. Une seule Carmélite, à genoux dans sa solitude, surpasse en influence le génie lui-même, car elle est plus puissante sur le cœur de Dieu.

Immolez donc généreusement votre jeunesse, les rêves et les enchantements d'ici-bas; l'amour vous rend ce sacrifice léger; répandez devant la croix les larmes de votre âme virginale, versez sur les pieds de Jésus les parfums de votre charité; faites monter vers lui l'encens de vos louanges et protégez la terre du bouclier de vos réparations et de vos puissantes intercessions; vous remplissez la mission la plus féconde et la plus divine, vous êtes les vraies bienfaitrices de l'humanité, vous êtes cette élite de justes qui suffisent à arrêter le bras de Dieu; vous sauvez la société!

Oh ! mes sœurs vénérées, que votre humilité me pardonne ce pieux hommage ! C'est votre mère, c'est notre grande Thérèse qui vous a faites ce que vous êtes, que je célèbre en vous ; c'est son œuvre que je glorifie, c'est elle que je retrouve en ses enfants, car nous pouvons nous écrier avec Louis de Léon : « Je n'ai point connu la bienheureuse mère, mais je la connais et je la vois en ces deux images vivantes qu'elle a laissées d'elle même : ses livres et ses filles ».

IV.—Ce fut, M. F., une des grâces singulières de Dieu et une des preuves de son amour miséricordieux pour la France, que de la doter presqu'au lendemain de la mort de Thérèse, des maisons du Carmel. La nation qui portait glorieusement dans le monde le titre de fille aînée de l'Eglise et de royaume très-chrétien, méritait l'une des premières ce bienfait. Il semble que tout devait être accordé à ce dix-septième siècle pour en faire l'époque la plus glorieuse et la plus féconde de notre histoire.

Dès l'aurore de ce grand siècle, en 1602, une femme d'un rare esprit et d'une haute piété, Mme Acarie, en relations avec les plus grands chrétiens de son temps, M. de Bérulle, le vénérable Gallemant, l'abbé de Brétigny, avait été favorisée d'une vision de sainte Thérèse.

La bienheureuse lui était apparue, dans l'oraison, toute rayonnante de gloire et l'avait investie de la part de Dieu de la mission de fonder en France des monastères de son ordre. Comme Mme Acarie hésitait,

Thérèse renouvela son apparition et réitéra ses ordres. La célèbre Mlle de Longueville fut chargée alors par Mme Acarie de solliciter Henri IV, qui accorda son autorisation le 18 juillet 1602. Saint-François de Sales, dont on trouve l'influence dans toutes les belles et hautes actions de ce temps, avait donné son approbation formelle et ses meilleurs encouragements à l'œuvre de Mme Acarie. Quelques jours après, le 27 juillet, se tint aux Chartreux la réunion qui décida de la fondation du premier monastère du Carmel réformé en France. M. de Bérulle fut chargé de pourvoir à l'exécution du pieux dessein. Comme il était agenouillé un jour avec Mme Acarie, sur les dalles de la belle abbatiale de Saint-Nicolas-du-Port, près Verdun, sainte Thérèse apparut pour la troisième fois à Mme Acarie et lui annonça qu'après avoir assuré la fondation de l'ordre en France, elle-même y entrerait comme sœur converse. Les obstacles qui s'étaient dressés devant cette fondation tombèrent alors comme par miracle. Celui qui devait être l'un de nos glorieux archevêques, le cardinal de Joyeuse, encourage M. de Bérulle; la princesse de Longueville, saint François de Sales, agissent en France et à Rome; le Parlement enregistre les lettres patentes du roi; le couvent est choisi : c'est l'ancien prieuré de Notre-Dame-des-Champs, dépendant de l'abbaye de Marmoutiers; le 29 mars 1603, la duchesse de Nemours pose au nom de la reine qui avait accepté le titre de première fondatrice, la première pierre des lieux claustraux. La duchesse de Longueville et la princesse d'Estouteville, deux noms chers à notre Normandie, posèrent la seconde pierre en qualité de secondes fondatrices.

Ainsi, notre diocèse, par le cardinal de Joyeuse, par les illustres dames de Longueville et d'Estouteville, par le V. Gallemant, curé d'Aumale, par M. de Brétigny, notre compatriote, avait la plus grande part à cet heureux établissement des Carmélites en France, et vous me pardonnerez de rappeler ici, en cette solennité, ce glorieux souvenir.

V. — Clément VIII a donné la bulle d'érection le 13 novembre 1603. M. de Bérulle se rend en Espagne pour obtenir des religieuses formées à l'école de sainte Thérèse. Il court au tombeau de notre sainte à Albe de Tormez, et lui dit, lui aussi : « Mère, m'entendez-vous ? » Elle l'entend et lui choisit trois de ses filles les plus chères, la mère Anne de Jésus, la sœur Anne de Saint-Barthélemy, sa fidèle amie, celle qui avait recueilli son dernier soupir ; la mère Isabelle des Anges. A l'heure où le général de l'ordre leur délivre des obédiences, la sœur Anne de Saint-Barthélemy voit l'ange de la France, saint Michel, qui lui apparaît avec sa brillante armure, et lui dit : « Ne balance point à partir et montre du courage. » L'archange protecteur de la France et de la Normandie intervient toujours dans notre admirable histoire aux heures solennelles, quand il s'agit d'assurer à notre pays une victoire ou un bienfait.

Chose touchante et que j'aime à rappeler en cette solennité ! Quand il s'agit du rétablissement des Carmélites en France, les plus illustres et les plus saintes filles de Thérèse désirent toutes ardemment venir dans notre pays si cher alors à tous les cœurs catholiques. Marie de Saint-Joseph, qui se proclamait hautement française de cœur, avait déjà tenté de doter notre pays d'un Carmel; la mort seule avait mis fin à ses vœux; la propre nièce de sainte Thérèse, cette charmante Teresita, comme on l'appelait autrefois, qui avait été l'une des colonnes de la réforme, accusait maintenant son grand âge de la retenir en Espagne; c'est la mère Anne de Jésus qui devait accomplir cette heureuse fondation.

Anne de Jésus, c'était la fleur la plus exquise du Carmel après Thérèse. Notre sainte l'appelait « la couronne et la colonne de la religion du Carmel. » Saint Jean-de-la-Croix ajoutait : « Quand je vois la mère Anne de Jésus, je crois voir un séraphin. »

En mettant le pied sur la terre de France, Anne de Jésus s'était écriée : « C'est à présent que je suis mère! » Elle devait, en effet, être la mère glorieuse et vénérée du Carmel français.

C'est le 15 octobre 1604, le jour de la fête de notre sainte, que ses filles prirent possession du Carmel de Paris. Quelle date, quels souvenirs, quelle admirable coïncidence ! et le 18 octobre Notre-Seigneur Jésus prenait place, en roi et en époux, dans le sanctuaire de Notre-Dame des Champs, où il devait être si aimé et si glorifié.

Permettez-moi encore un souvenir : Ce fut une enfant de Rouen, Mlle d'Hannivel, qui fut la première novice du Carmel français, et M. Gallemant, notre curé d'Aumale, son premier supérieur.

Nous ne suivrons pas le Carmel français dans ses admirables développements. Son influence s'étend de Paris dans les provinces et contribue puissamment au renouvellement de l'esprit de foi et de piété qui marque l'aurore du grand siècle. Pontoise, Amiens, Dijon, Tours, Bordeaux, Châlons, en moins de cinq ans, voient s'élever leurs Carmels et s'allumer des foyers de prières, de ferveur et de sanctification.

VI. — Rouen, l'une des plus grandes et des plus religieuses cités du royaume, devait être l'une des premières à accueillir avec reconnaissance le bienfait d'un Carmel. Dès 1609, notre ville appelle les filles de sainte Thérèse et leur fait, au milieu des nombreuses familles religieuses qui embaumaient la cité de leurs vertus, une place d'honneur. Notre archevêque n'était-il pas alors le cardinal de Joyeuse, qui, le premier, avait secondé les saints projets de M. de Bérulle et de Mme Acarie; M. de Brétigny, ce dévoué protecteur du Carmel naissant, n'était-il pas nôtre, et M. Gallemant ne nous était-il pas uni par les liens les plus étroits?

Aussi envoie-t-on pour notre fondation une des plus dignes filles de sainte Thérèse, la vénérable mère Isabelle des Anges, l'ancienne sous-prieure du couvent de Salamanque, où avait été chantée la glose d'amour, et à laquelle Notre-Seigneur avait daigné lui-même révéler qu'elle serait appelée à la fondation de France.

Par votre première mère, Isabelle des Anges, c'est l'esprit, c'est le cœur même de sainte Thérèse que vous avez reçus, mes sœurs vénérées, comme aujourd'hui vous voyez revivre M. Gallemant en votre vénéré supérieur. Le Carmel de Rouen, c'est le seul éloge que j'en veuille faire, est toujours resté digne de ses saints commencements ; et son histoire, qui a été écrite par un homme de foi, est depuis la première page jusqu'à la dernière, telle que pouvait la désirer votre séraphique mère.

Ai-je besoin de le dire ? Le Carmel français, émule du Carmel espagnol, a été pendant deux siècles la consolation de l'Eglise, l'asile des âmes les plus aimantes et les plus dévouées, l'une des protections les plus puissantes de la patrie.

Notre bourgeoisie, notre noblesse, la famille royale elle-même, lui ont donné leurs plus aimables et leurs plus pieuses enfants ; les grandes pénitentes y ont étonné le monde par leurs mortifications ; les saintes y ont fleuri comme dans un parterre choisi. En vain le jansénisme a tenté d'en forcer les portes, en vain le relâchement général des familles religieuses au XVIIIe siècle a cherché à s'y glisser ; jamais, à aucune époque, notre Carmel ne s'est refroidi de sa ferveur primitive, et n'a cessé de remplir parmi nous sa mission réparatrice.

A l'heure du danger, quand la Révolution glaça de terreur les âmes les plus viriles, nos Carmélites furent héroïques. Pas une, dans toute la France, ne voulut déserter le Carmel ; pas une ne quitta volontairement son cloître ; elles n'en sortirent que pour aller peupler les prisons ou monter sur les échafauds.

A Rouen, les agents de la Révolution rendirent hommage à leur pauvreté et à leur sainteté. Sur vingt-deux religieuses quinze furent traînées en 1793 dans les cachots et y confessèrent généreusement la foi.

Un trait suffira à caractériser la Carmélite française pendant cette cruelle époque. Le martyre, qui avait été l'ardent désir de Thérèse dans sa jeunesse, allait couronner seize de ses filles de France. Arrêtées en mars 1794, les Carmélites de Compiègne sont conduites à Paris et enfermées dans la Conciergerie. Traduites le 17 juillet devant le tribunal révolutionnaire, elles sont condamnées à mort comme fanatiques. Elles accueillent l'arrêt fatal avec une joie céleste. Elles récitent ensemble l'office des morts, et montent ensuite, recouvertes de leur blanc manteau du Carmel, sur la charrette qui les conduit à l'échafaud. La foule qui les environne, émue de cette apparition, garde le plus profond silence. Elles chantent de leur douce voix le *Te Deum*, et arrivées sur la place de la Barrière du Trône, aux pieds de l'échafaud, elles récitent le *Veni Creator*, que les bourreaux attendris leur permettent d'achever. Alors, toutes ensemble, avant de se livrer à l'exécuteur, prononcent à haute voix la formule de leurs vœux de religion ; comme au jour où elles avaient donné à Dieu leur jeunesse et leur vie, elles lui consacrent leur mort. La prieure, sublime comme la mère des Macchabées, demande et obtient de mourir la dernière, exhortant ses enfants à monter au ciel ; et le sa-

crifice se termine par ce mot héroïque qu'elle pro-
nonce, au nom de toutes, au nom de son ordre : « Trop
heureuses sommes-nous, ô mon Dieu, si ce léger
sacrifice peut apaiser votre colère et diminuer le nombre des victimes ». Vous l'entendez... voilà le but,
l'action, l'œuvre, la raison d'être du Carmel, voilà le
Carmel tout entier : se donner, se sacrifier en expiation,
afin d'apaiser la justice de Dieu et de diminuer le
nombre des âmes qui se perdent.

O Mère, vos enfants vous ont bien comprise ;
elles signent de leurs larmes et au besoin de leur sang
les paroles et les vœux de vos constitutions qui en font
le salut et la protection de la société.

O ma Thérèse ! en racontant ces pages de l'histoire
de votre ordre, je ne me suis pas un instant séparé de
vous. Les annales de votre ordre sont vos propres
annales ; les œuvres de vos filles sont vos œuvres con-
tinuées ; leur vie, votre vie prolongée à travers les
siècles, et c'est vous-même que nous avons célébrée en
célébrant le Carmel. *Laudent eam in portis opera
ejus.*

Vous mettrez fin à ces discours, ô Sainte bien-aimée,
comme vous les avez remplis. C'est à vos pieds que
nous revenons pour déposer l'hommage de notre
gratitude et de notre vénération ; en voyant ce
que vous avez fait pour l'Eglise et pour les âmes par
vos filles demeurées en tout temps et en tout lieu dignes
de vous, nous vous louons, nous vous bénissons, nous
vous glorifions; et les centenaires qui se célébreront
dans les siècles futurs ne feront qu'ajouter à votre

gloire et à la reconnaissance des peuples chrétiens.

Le pèlerin qui se rend à Albe de Tormez, après avoir vénéré le corps de sainte Thérèse, contemple avec respect et émotion son cœur enfermé dans un reliquaire séparé fait du plus pur cristal. Ce cœur qui a tant souffert et tant aimé porte encore dans toute son étendue la plaie profonde que lui a faite le dard du chérubin. Grande et sainte relique plus éloquente que tous les panégyriques, que ne nous est-il donné de l'exposer ici à votre vénération et combien sa seule vue remuerait et édifierait votre piété !

Or, ce cœur glacé par la mort souffre et prophétise encore ! Il vérifie à la lettre ces paroles de nos saintes Lettres : *Ossa ipsius visitata sunt et post mortem prophetaverunt* (1).

Depuis un siècle trois épines, visibles à tous les yeux, constatées par l'examen de la science et par les enquêtes de l'autorité ecclésiastique, ont poussé successivement dans le reliquaire de cristal et entourent en ce moment le cœur de notre séraphique mère.

Leur apparition et leur croissance ont répondu à trois grandes calamités des temps modernes : l'avènement de l'impiété sociale avec la Révolution, la décadence de l'Espagne et de la France comme nations catholiques, la chûte du pouvoir temporel et la captivité de la Papauté.

Ces trois épines meurtrissent également tous les

____

(1) Eccliés., 49, 18.

cœurs chrétiens, et leur âpre blessure mêle aux joies de ce centenaire une douleur dont nous voudrions en vain nous distraire. Elles signalent, comme des voix prophétiques, les grandes plaies du temps présent : l'impiété toujours. envahissante, les tribulations de la France, celles de l'Eglise, et elles nous conjurent en même temps d'y porter un prompt et énergique remède. Chrétiens, qui êtes ici assemblés, c'est la leçon qu'il faut emporter de ces solennités. Vous avez tous, qui que vous soyez, à venir en aide à l'Eglise, à la Papauté, à la France, et à enrayer la marche de l'impiété. Prenez d'un cœur résolu cette mâle résolution de conserver à votre foyer d'abord l'intégrité et les bienfaits de la foi, de l'étendre autour de vous; de lutter, de vous dévouer, de souffrir pour elle, de ne pactiser jamais ni de près ni de loin avec l'impiété moderne, d'assister de vos dons et de vos suffrages la Papauté persécutée, de travailler de toute votre influence à rendre la France à Jésus-Christ. A vous, mes sœurs vénérées, je ne dirai qu'un mot, celui de votre mère : « L'Eglise souffre : à la prière! à la prière! » Expiez et réparez sans cesse, par les œuvres de la pénitence et de l'amour, car telle est votre sublime vocation, vous souvenant, selon les paroles de votre mère, que le Carmel a pour objet le salut du monde et la conversion de tous les infidèles. Et tous ensemble, avant de reprendre nos hymnes de louanges à l'honneur de notre mère, nous ferons à ses pieds le serment solennel de nous dévouer comme elle à Jésus notre Dieu, de souffrir pour lui, dans ces temps malheureux, tout ce qu'il faudra souffrir ; de lui sacrifier nos espérances, nos misérables ambitions, notre fortune, notre temps, nos forces, notre vie, de l'aimer par-dessus tout et de n'aimer que lui seul ; et cette résolution, nous vous la confions, Thérèse, notre généreuse protectrice.

C'est l'âme attristée que nous nous séparons de vous ; après nous être réchauffés pendant ces trois jours aux flammes de votre cœur, il nous semblait que nous étions entrés dans vos pensées, dans votre vie, dans votre maternelle tendresse ; que nous étions devenus quelque chose pour vous, comme vous étiez vous-même l'objet de notre culte le plus fervent ; mais nous emportons, du moins, votre doux souvenir comme une consolation, vos grands exemples comme une force, vos bénédictions comme une récompense. Ecoutez ma dernière prière : faites-nous au cœur une blessure profonde, celle de l'amour de Jésus-Christ ; que nous sortions de ce sanctuaire percés de ce trait divin ! que rien ne puisse jamais nous l'arracher, que nous en vivions, que nous en mourrions !... et ainsi, Thérèse, nous vous retrouverons un jour et nous chanterons avec vous, dans la patrie, le cantique de l'éternel amour !

Amen.

TABLE

PAGES

Ouvrages spécialement consultés. 3

Le Triduum du 3me centenaire de Sainte
Thérèse, à Rouen.. 7

Sermons. — Premier jour. — Le Siècle de
Sainte Thérèse. 15

Deuxième jour.— La Vie de Sainte Thérèse. 35

Troisième jour. — L'Œuvre de Sainte
Thérèse. 57

Rouen. — Imprimerie de E. Cagniard.

www.ingramcontent.com/pod-product-compliance
Lightning Source LLC
Chambersburg PA
CBHW061749050726
47598CB00002B/663